LINDA URBANNECK

Knuffige Amigurumi für den SCHREIBTISCH

Knuffige Amigurumi für den SCHREIBTISCH

Über 20 praktische Helfer selber häkeln

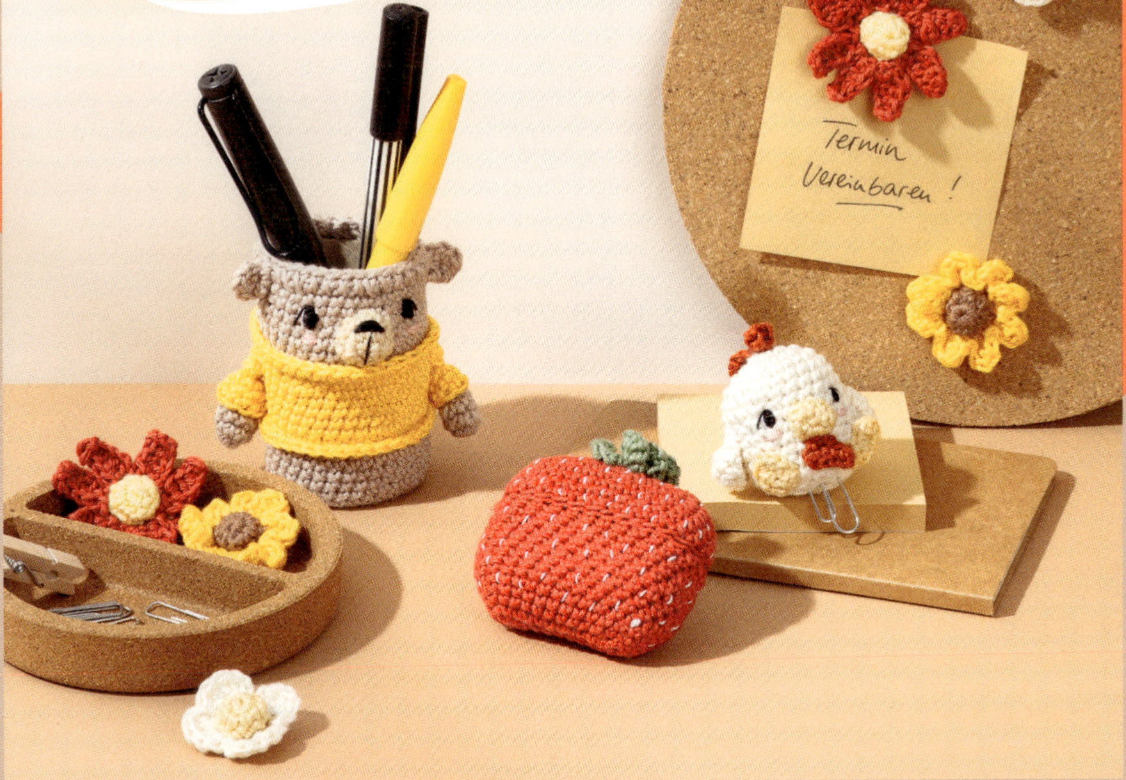

LINDA URBANNECK

mvgverlag

Inhalt

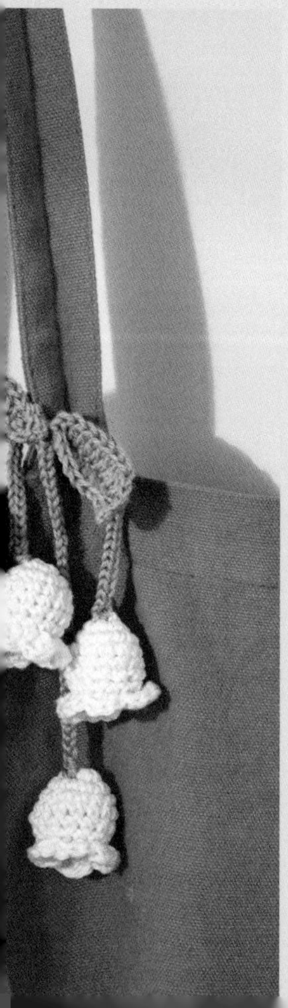

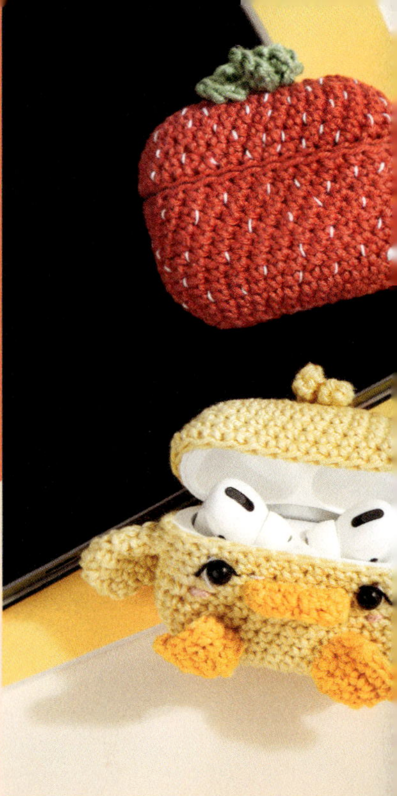

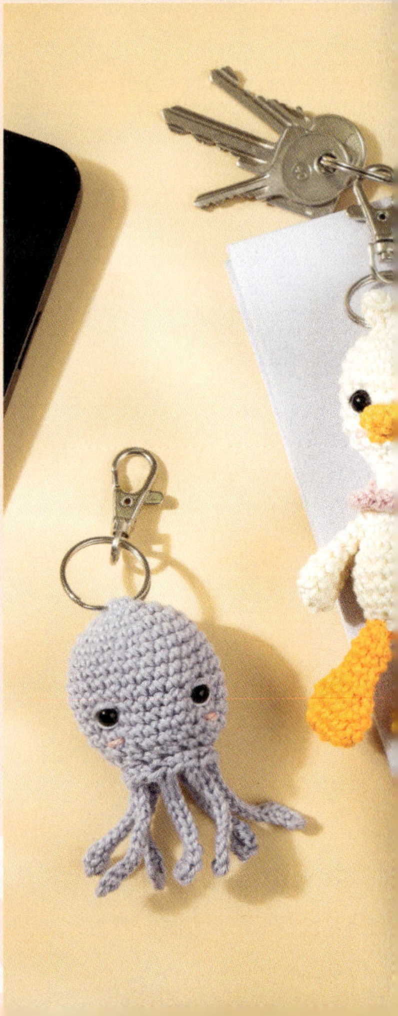

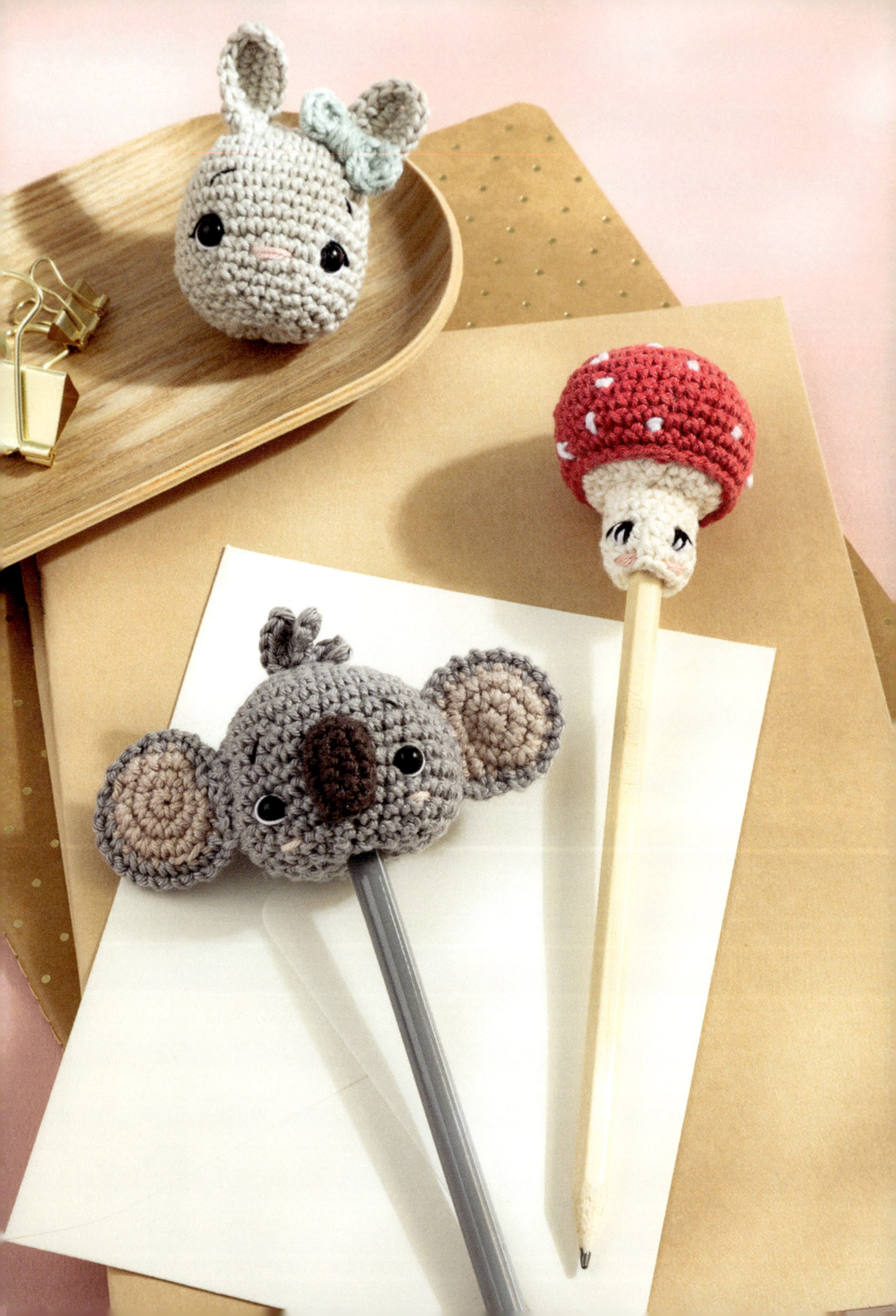

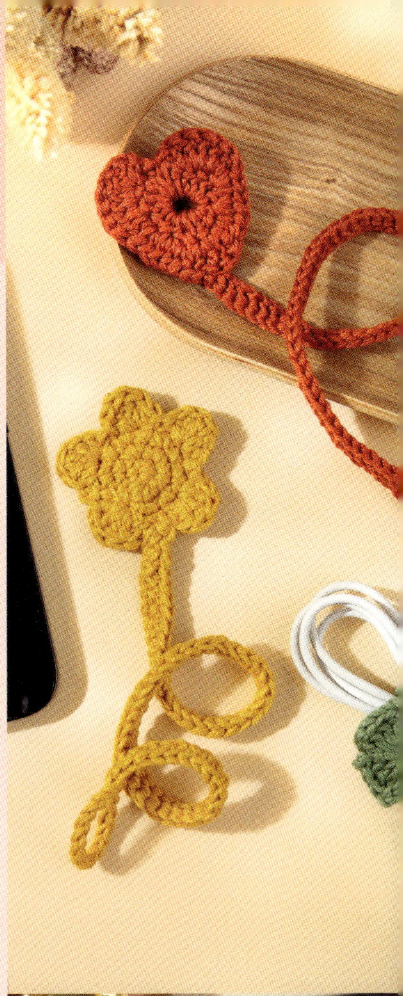

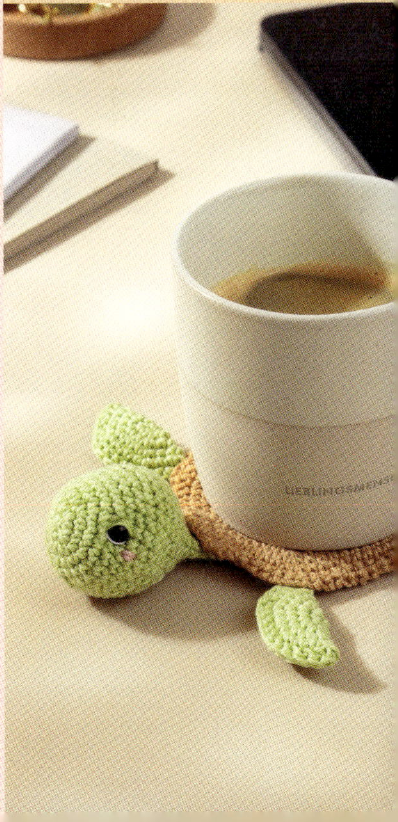

Vorwort

Es gibt immer diese ganz bestimmten Momente zwischen den Projekten. Jene Momente, bei denen ich nachdenke, überlege und beobachte. Was könnte die Amigurumi-Welt noch schöner machen und eine Bereicherung für alle Häkelfans sein?
Oft kommen die Ideen nicht sofort, sondern reifen erst einmal eine Zeit lang heran. Sie wachsen und warten darauf, in einem kurzen Moment nach außen zu dringen. Dann ist er da, der berühmte Geistesblitz. Dieses Mal hat er mich besonders getroffen. Wie können wir die Amigurumis praktisch machen? Sodass sie immer in unserem Blickfeld stehen können und zugleich ein Helfer für unseren Alltag sind. Knuffige Projekte, die uns die Organisation unserer alltäglichen Gegenstände erleichtern.
Beim Blick auf meinen Arbeitstisch sah ich Häkelnadeln und Stifte, die unschön in Bechern standen. Das geht auch anders! So nahm ich mir meine Notitzen zur Hand und begann, Skizzen zu zeichnen. Die Idee der Amigurumi-Helfer für den Schreibtisch nahm ihren Lauf.
Ob Sftiftehalter aus Gegenständen, die jeder zu Hause hat, Magnete, die unsere Notizen an Ort und Stelle halten, oder Lesezeichen, die uns das Auffinden der richtigen Seite erleichtern. In diesem Buch sollte für jeden etwas dabei sein.
Und so machte ich mich an den Schaffensprozess, und es entstanden Projekte, die den Schreibtisch in einem neuen Glanz erstrahlen lassen. Es war eim Genuss, dieses Buch für euch entstehen zu lassen. Auf eine Welt voller bunter und fröhlicher Amigurumi-Schreibtische!

Ich wünsche dir jede Menge Spaß und Entspannung beim Häkeln, Beschenken, Bestaunen und Nutzen der Projekte!

Deine Linda

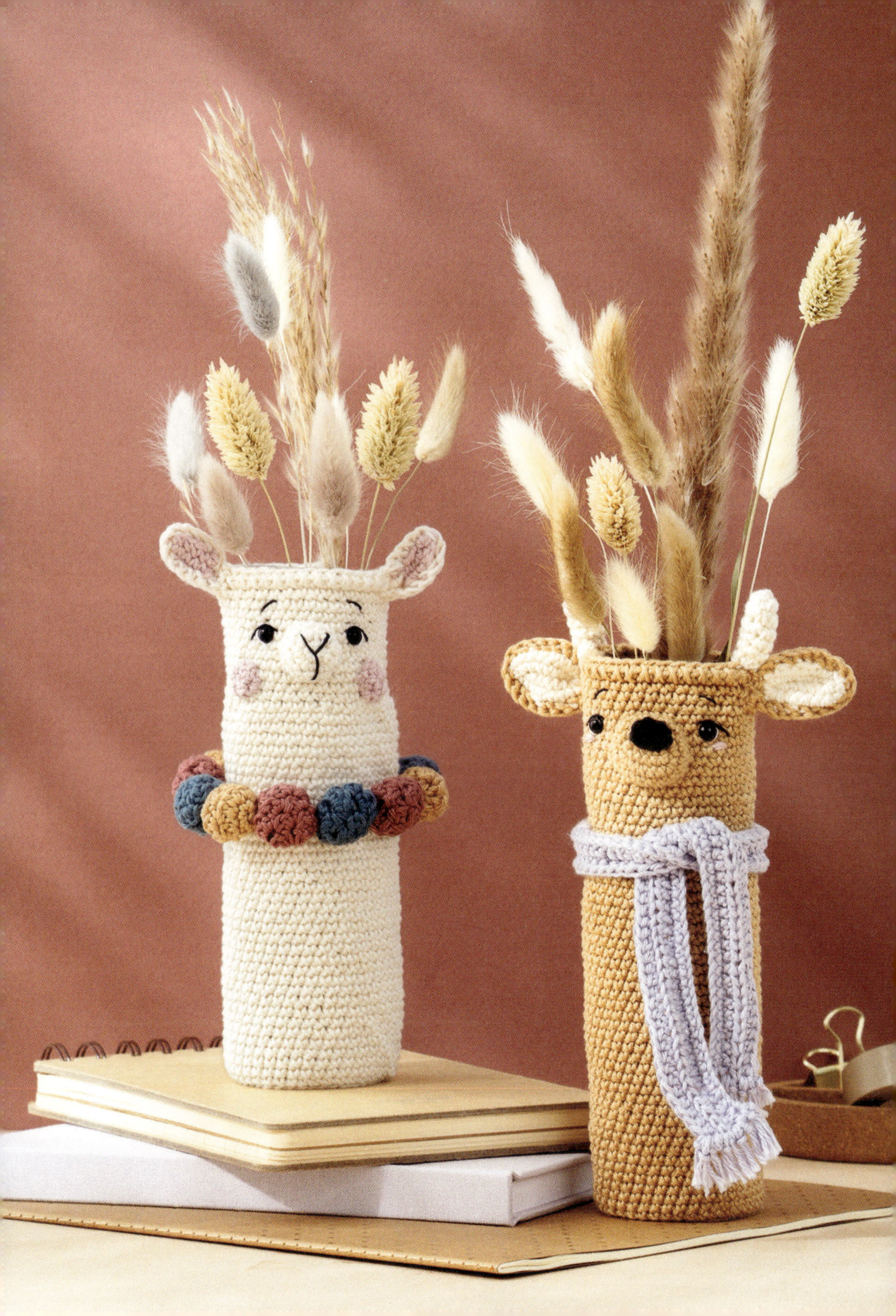

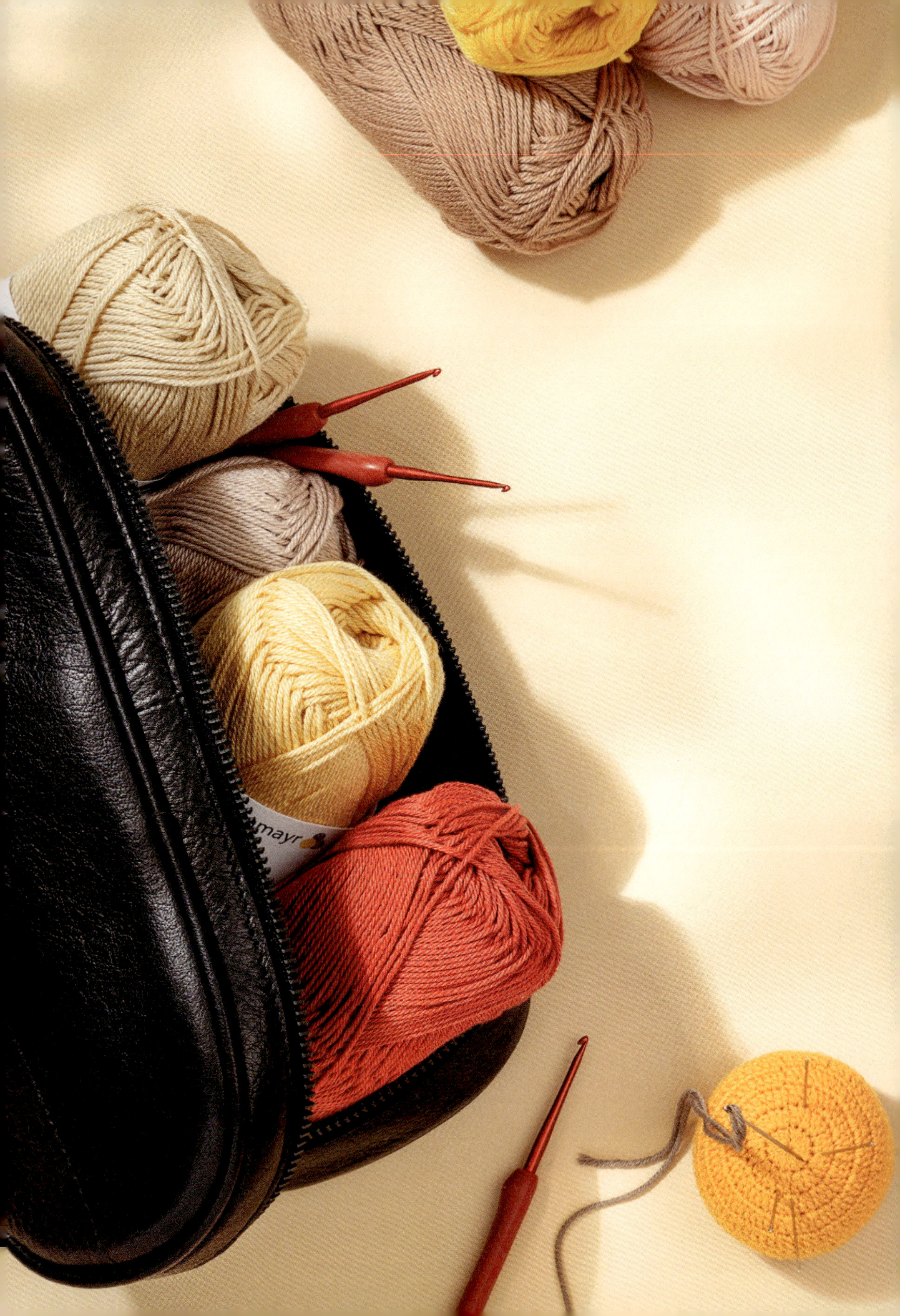

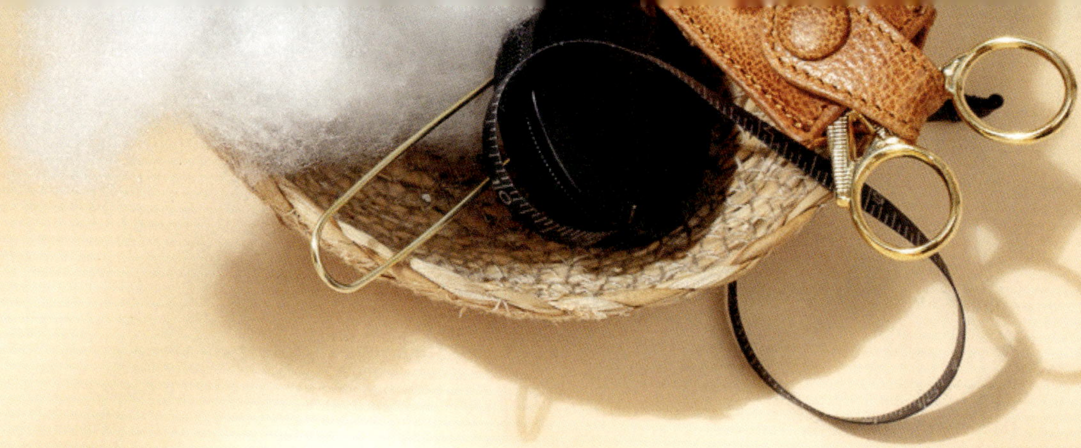

Grundlagen und Techniken

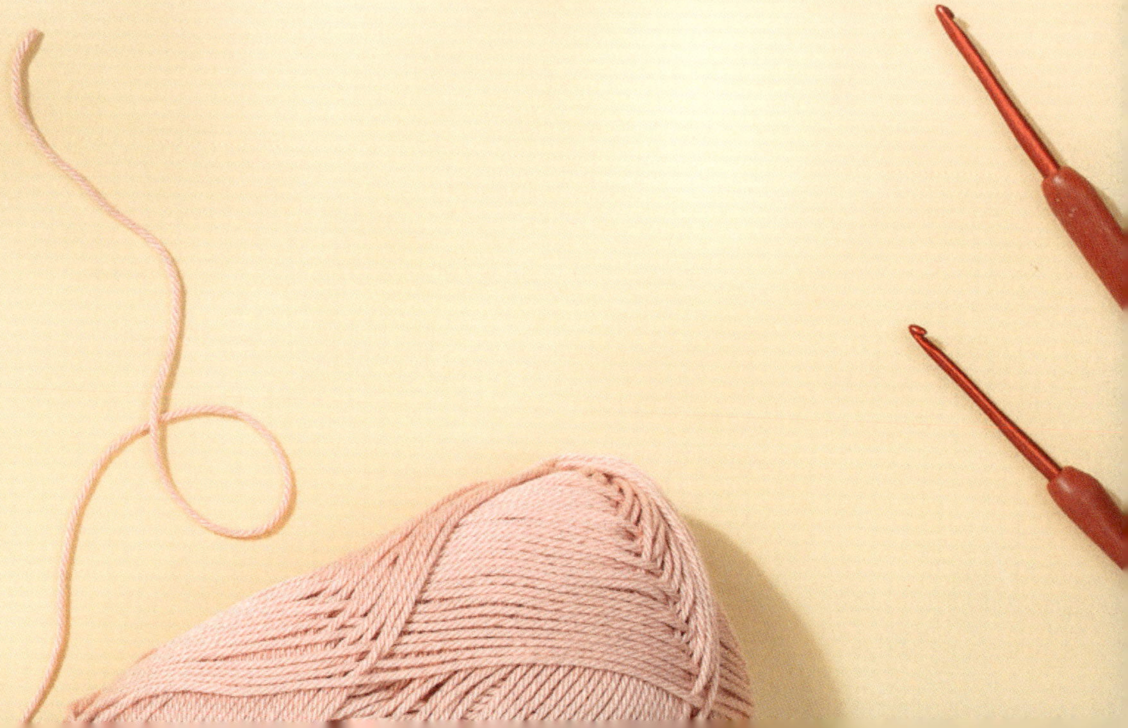

Maschen

ANFANGSSCHLINGE

Den Faden zu einer Schlaufe legen. Das Fadenende liegt unterhalb und zeigt nach unten. Die Schlaufe zwischen Daumen und Zeigefinger fixieren. Mit der Nadel von vorne durch die Schlinge stechen und den Faden durchholen. Am Fadenende ziehen, sodass sich die Schlinge um die Nadel festzieht.

LUFTMASCHEN ANSCHLAGEN

Den Faden zu einer Schlinge legen. Das Fadenende liegt unterhalb. Mit der Nadel von vorne durch die Schlinge stechen und den Faden durchholen. Am Fadenende ziehen, damit sich die Schlinge um die Nadel festzieht (= Anfangsschlinge). Den Arbeitsfaden durch die Schlinge ziehen, um die erste Luftmasche zu häkeln. So lange wiederholen, bis die gewünschte Anzahl an Luftmaschen erreicht ist.

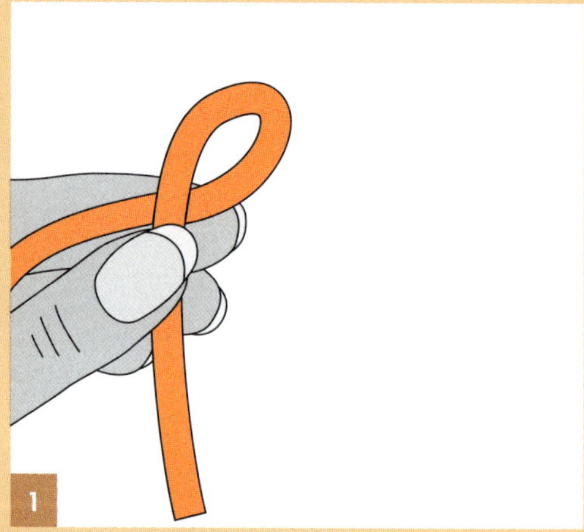
1

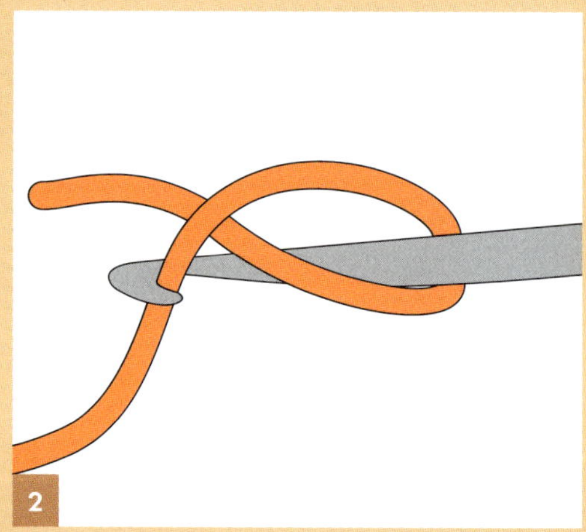
2

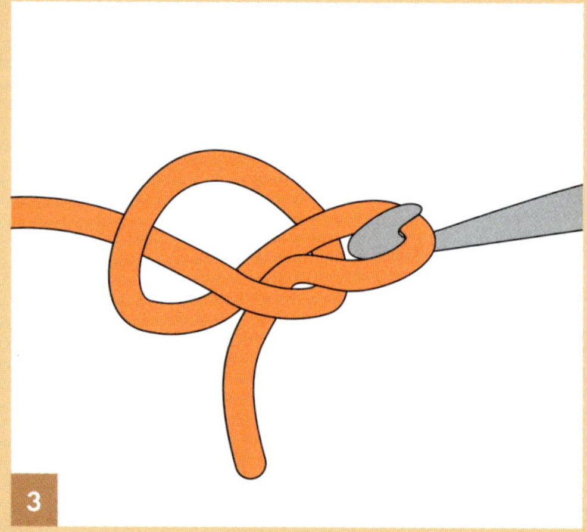
3

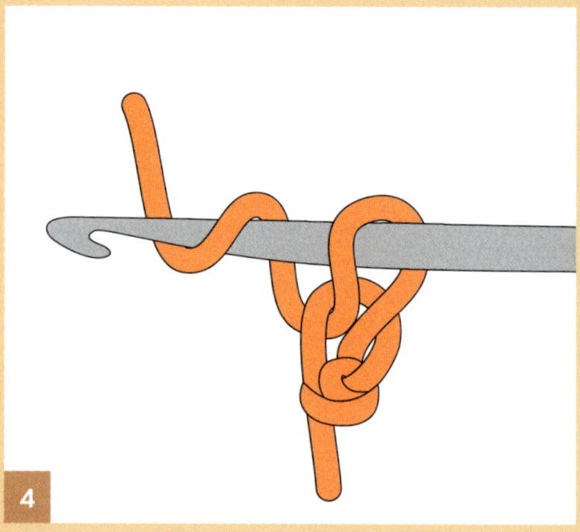
4

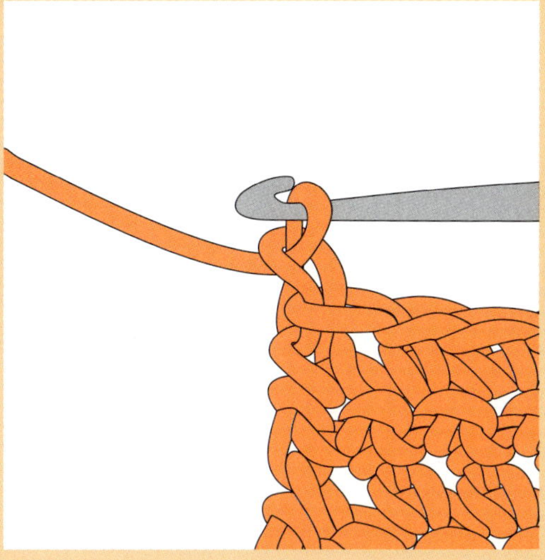

WENDELUFTMASCHE

Am Ende jeder Reihe wird eine Luftmasche gehäkelt und die Arbeit anschließend gewendet.

KETTMASCHE

Kettmaschen werden vielfältig beim Häkeln eingesetzt. Sie dienen als Verzierung, kommen beim Beenden einer Runde und beim Anmaschen neuer Fäden zum Einsatz. Um eine Kettmasche zu häkeln, durch die Masche stechen und den Faden durchholen. Diese Schlinge durch die auf der Nadel liegende Schlinge hindurchziehen.

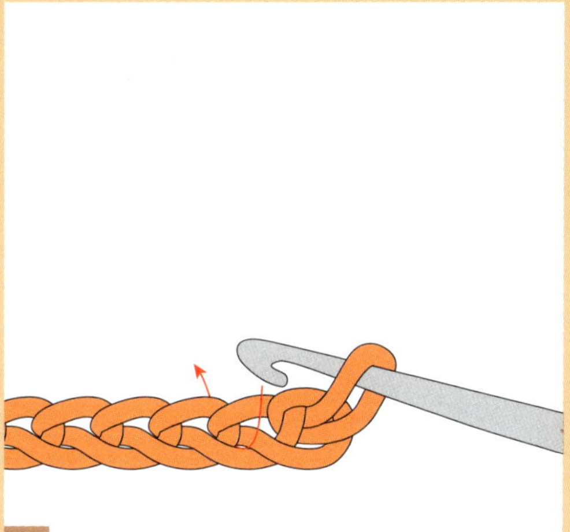
1

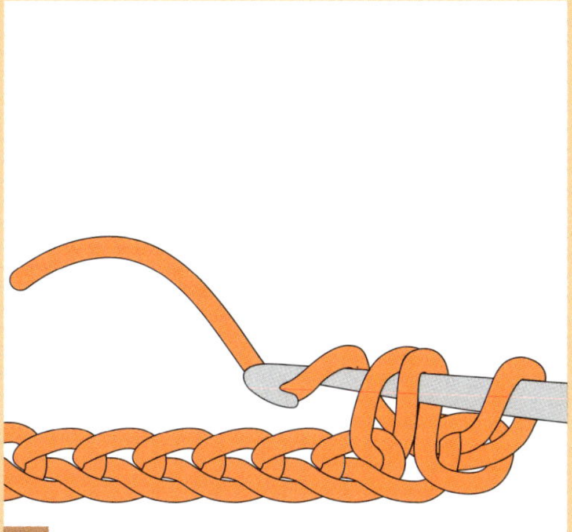
2

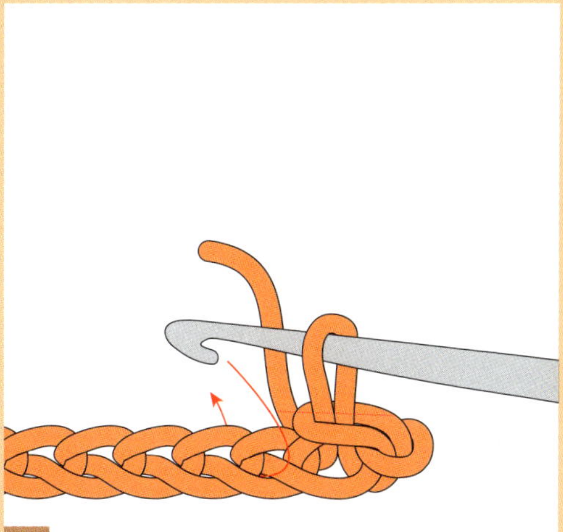
3

FESTE MASCHE

Mit der Nadel in die folgende Masche stechen und den Faden von oben nach unten um die Nadel legen. Den Faden durchziehen. Auf der Nadel liegen nun zwei Schlingen. Den Arbeitsfaden erneut von oben nach unten um die Nadel legen und dann durch beide Schlingen ziehen (abmaschen).

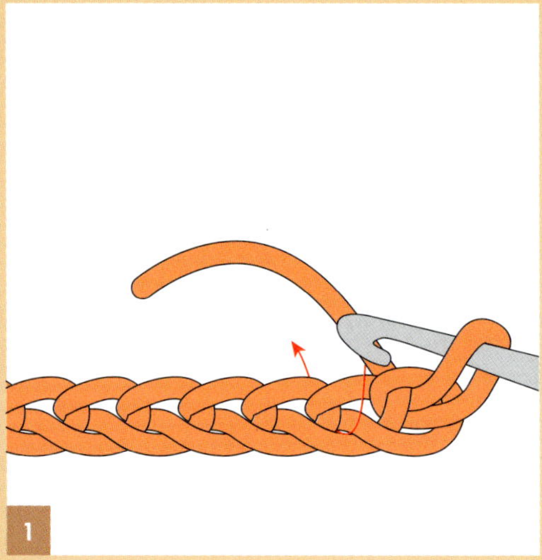

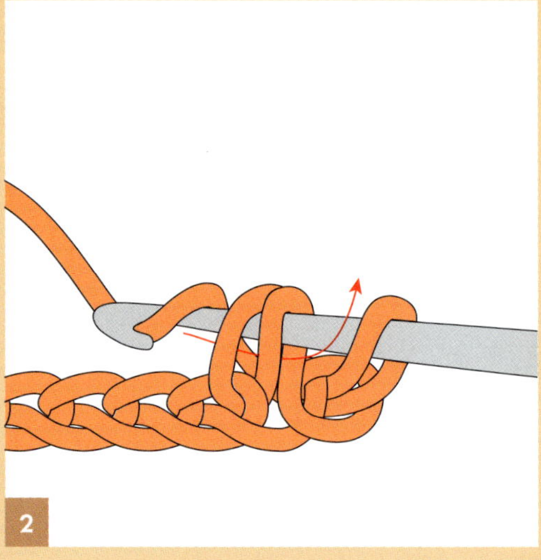

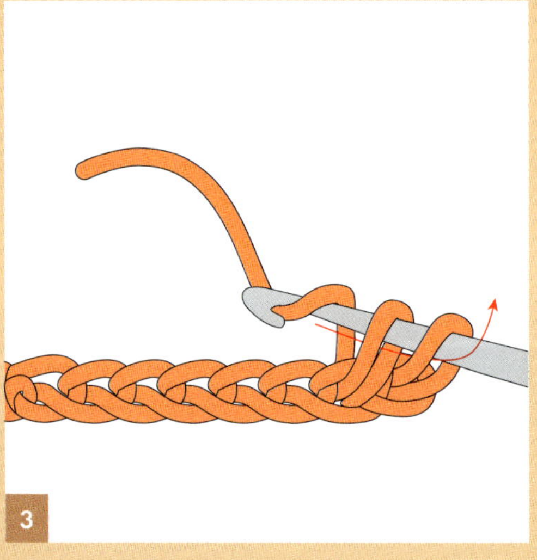

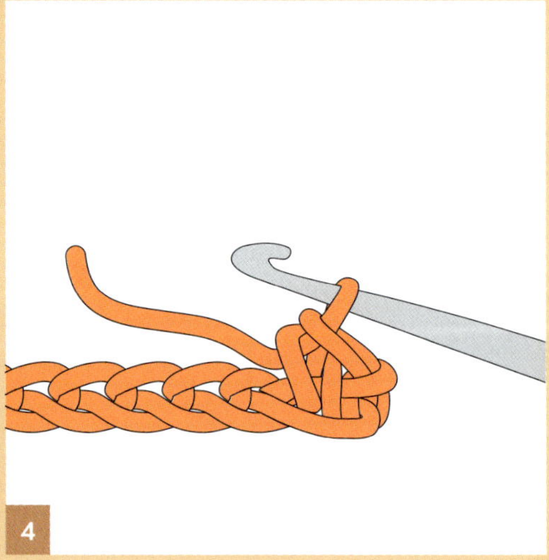

HALBES STÄBCHEN

Den Faden von hinten nach vorne über die Nadel (Umschlag) legen. In die folgende Masche einstechen und den Faden durchholen. Auf der Nadel liegen nun drei Schlingen. Den Arbeitsfaden durch alle drei Maschen ziehen.

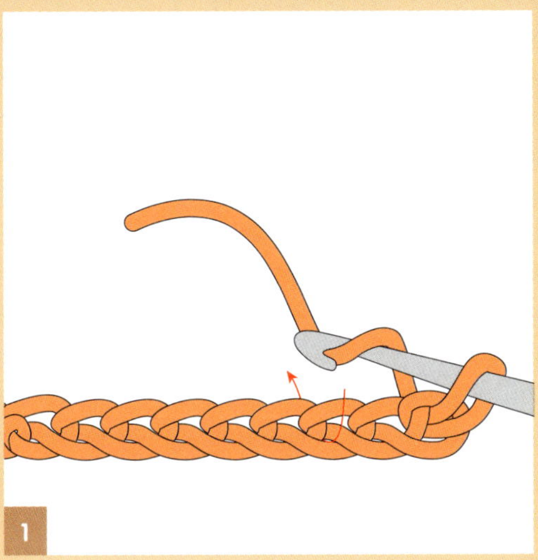

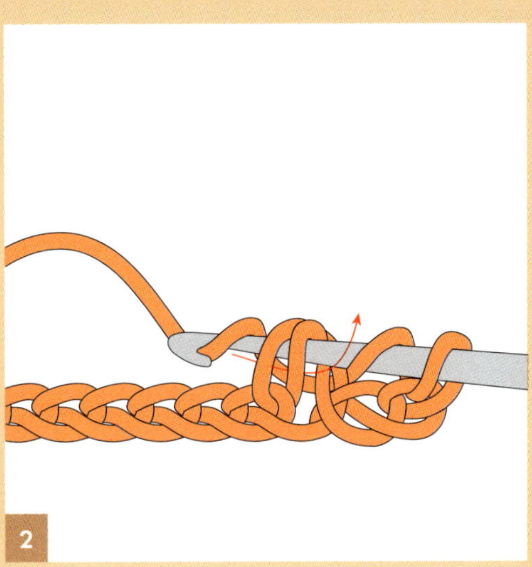

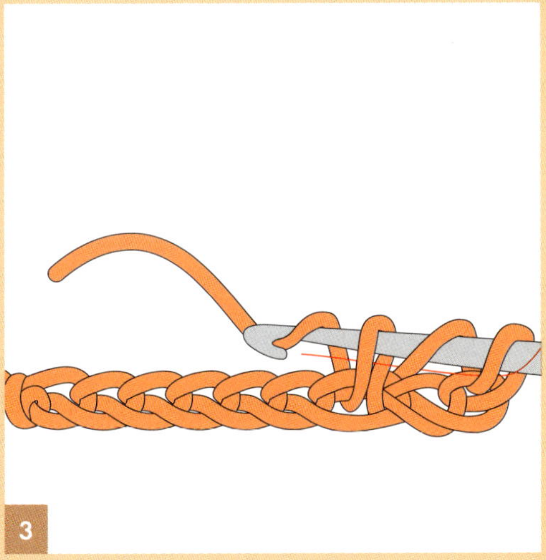

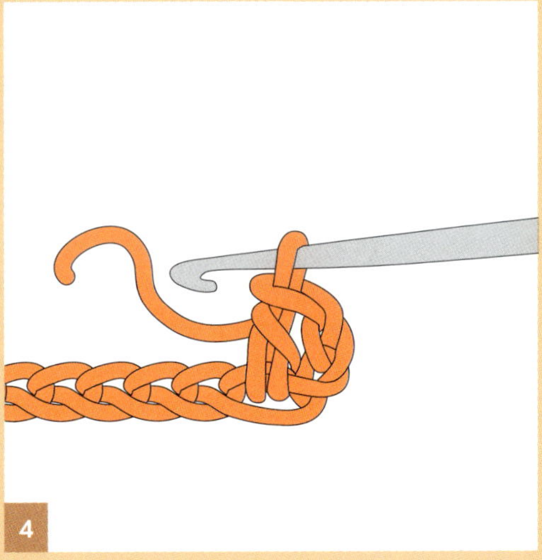

STÄBCHEN

Den Faden von hinten nach vorne über die Nadel (Umschlag) legen. In die folgende Masche einstechen und den Faden durchholen. Es liegen jetzt drei Schlingen auf der Nadel. Den Faden durch die ersten beiden Schlingen ziehen. Auf der Nadel liegen nun zwei Schlingen. Beide ebenfalls zusammen abmaschen.

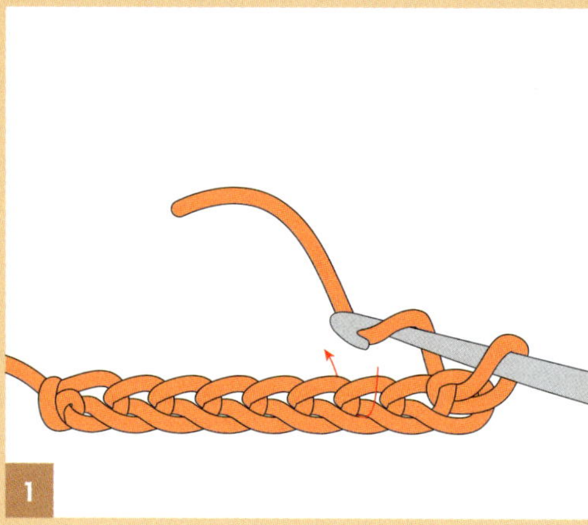

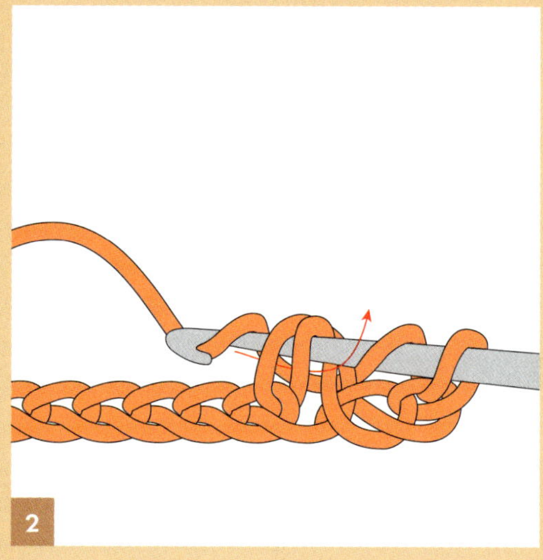

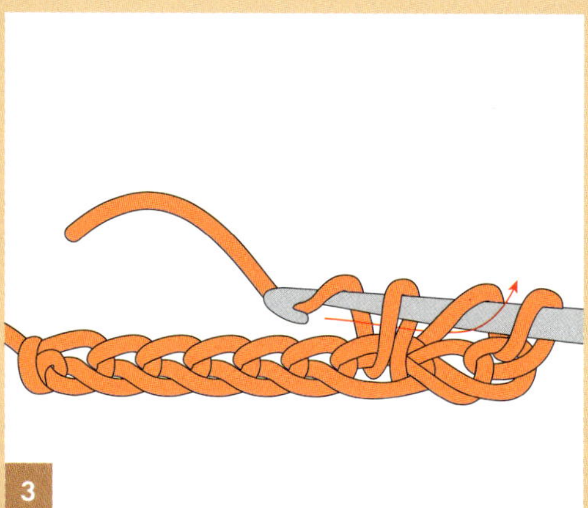

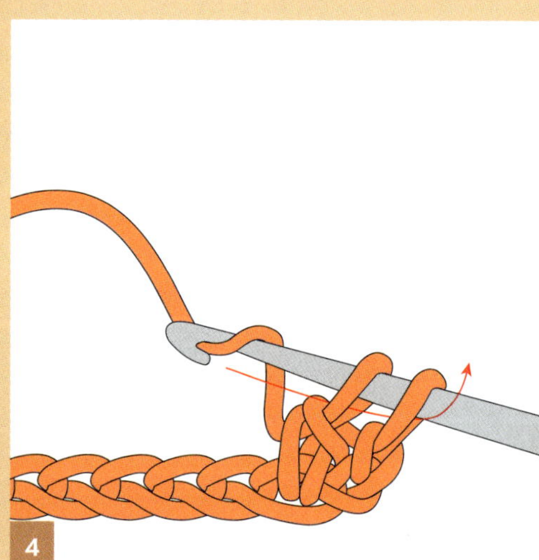

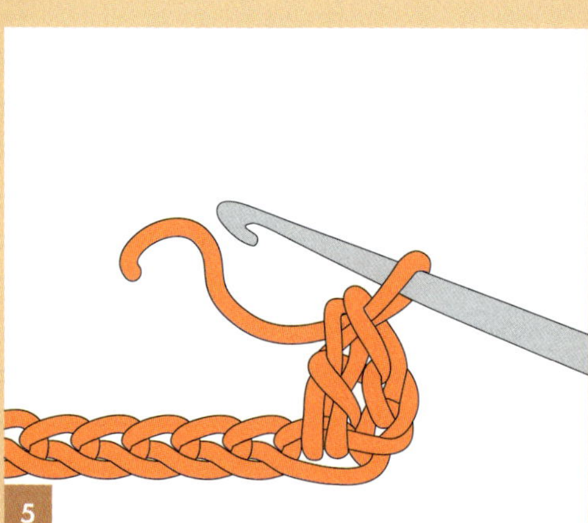

NOPPE

Wie bei einem halben Stäbchen beginnen. Die Umschläge auf der Nadel nicht abmaschen, sondern einen neuen Umschlag bilden, zurück in dieselbe Masche stechen und den Faden erneut durchholen. Dies wiederholen, bis die gewünschte Anzahl an halben Stäbchen auf der Nadel liegt. Den Faden durch alle Schlingen ziehen. Eine Noppe kann auch aus Stäbchen gebildet werden. Dazu jeweils die ersten beiden Schlingen auf der Nadel abmaschen, bevor das nächste Stäbchen aufgenommen wird.

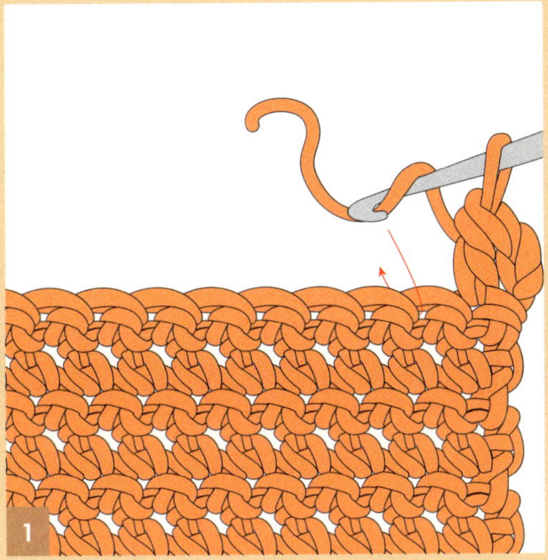

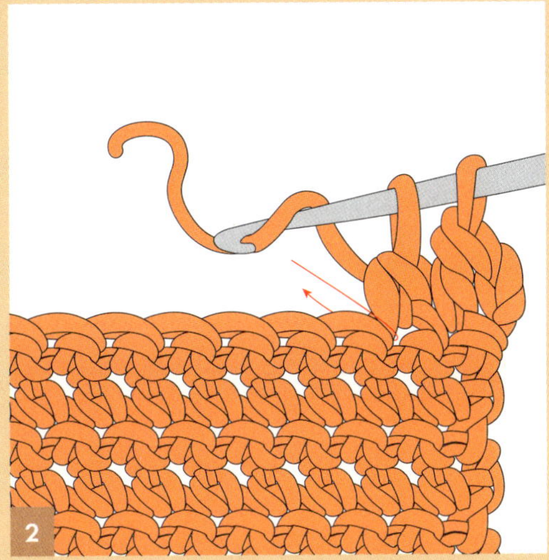

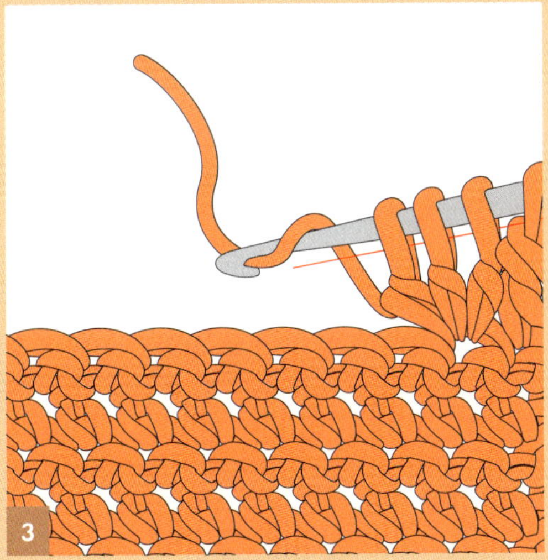

MASCHENGLIEDER

Eine Masche besteht aus drei Maschengliedern. Das vordere Maschenglied und hintere Maschenglied bilden dabei die v-förmige Oberseite der Masche. Das rückwärtige Maschenglied liegt auf der Rückseite am Fuß der Masche.

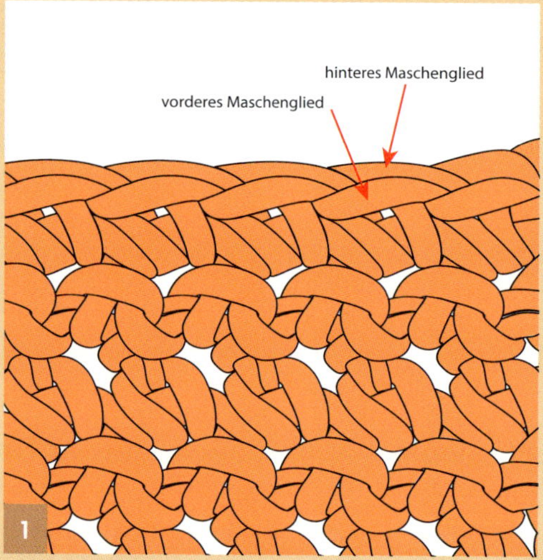

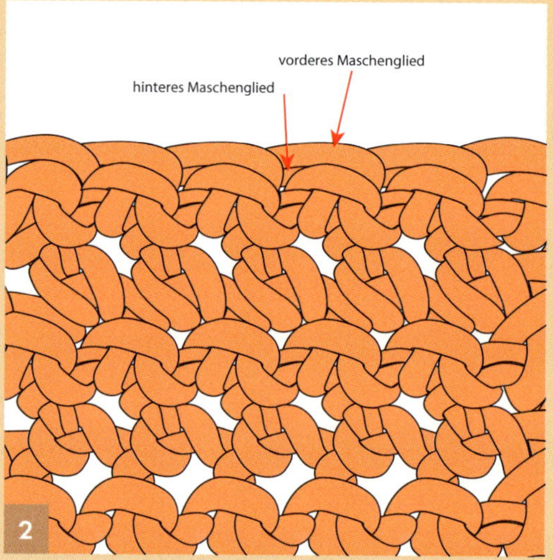

TIEFER GESTOCHENE MASCHE

Um eine Masche in einer Runde/Reihe tiefer zu setzen, mit der Nadel in 1 Masche der Vorreihe/Vorrunde unterhalb der angegebenen Masche einstechen und den Faden durchholen. Dann wie gewohnt abmaschen, um die gewünschte Masche zu erzeugen.

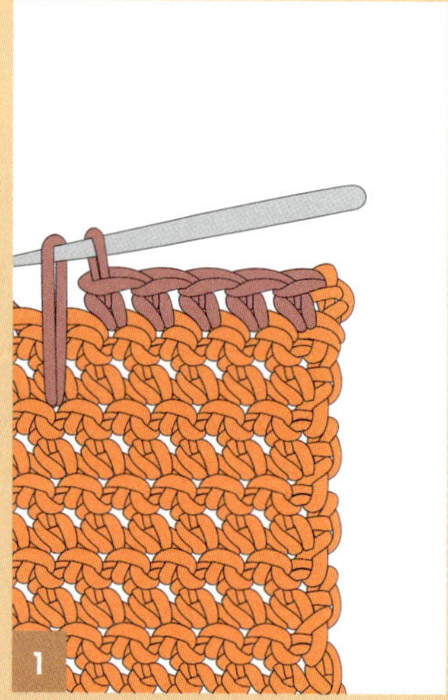

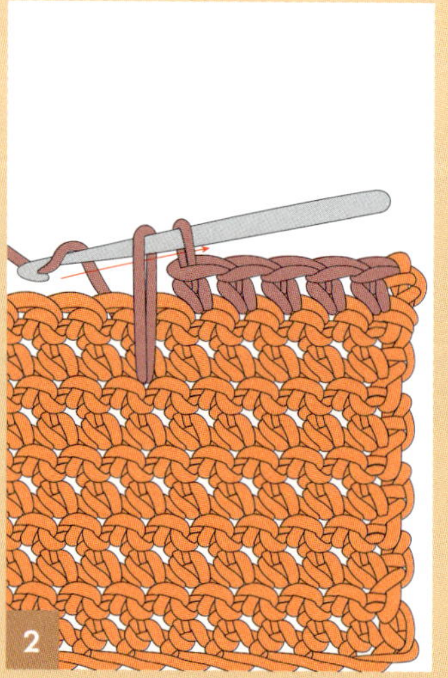

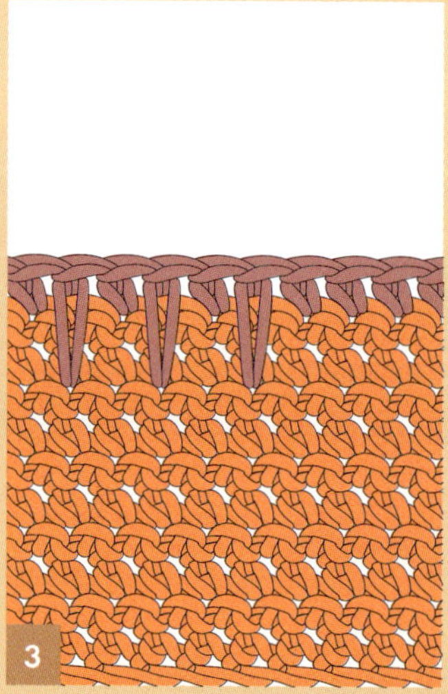

Techniken

IN REIHEN HÄKELN

Alle Reihen beginnen mit einer Luftmaschenkette. Auf diese werden die Maschen der ersten Reihe gehäkelt. Nach jeder Reihe wird die Arbeit mit Luftmaschen gewendet, um die entsprechende Höhe der Maschen zu erreichen. Bei festen Maschen wird eine Wendeluftmasche gehäkelt, bei halben Stäbchen zwei Wendeluftmaschen, und bei Stäbchen wird mit drei Luftmaschen gewendet.

IN RUNDEN HÄKELN

Beim Runde häkeln wird die Arbeit am Ende nicht gewendet, sondern fortlaufend weitergearbeitet. Begonnen wird dabei mit einem Fadenring oder einer Luftmaschenkette. Jede Runde endet mit einer Kettmasche in die erste Masche der Runde. Am Anfang jeder Runde werden Luftmaschen entsprechend der Höhe der verwendeten Maschen gehäkelt (Steigeluftmasche). Bei festen Maschen wird eine Steigeluftmasche gehäkelt, bei halben Stäbchen zwei und bei Stäbchen werden drei Steigeluftmaschen zum Beginn gearbeitet.

IN SPIRALRUNDEN HÄKELN

Bei Spiralrunden werden die Maschen ununterbrochen immer weiter aufeinandergehäkelt, ohne sie mit einer Kettmasche abzuschließen. Der Rundenübergang ist unsichtbar. Um den Überblick zu behalten, diesen mit einem Faden oder einem Maschenmarkierer kennzeichnen.

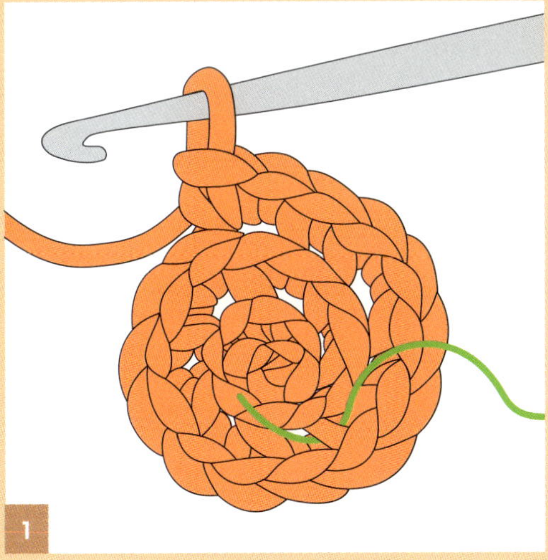

1

FADENRING

Um einen Fadenring zu bilden, den Faden zu einer Schlaufe legen. Das Fadenende liegt oberhalb und zeigt nach unten. Die Schlaufe mit Daumen und Zeigefinger fixieren und mit der Nadel von vorne hindurchstechen. Den Faden durch die Schlaufe hindurchziehen und mit einer Luftmasche sichern. Erneut durch den Ring stechen und den Faden durchholen. Beide auf der Nadel befindlichen Umschläge zu einer festen Masche abmaschen. Nun so viel feste Maschen häkeln, wie in der Anleitung angegeben sind. Um den Ring zu schließen, vorsichtig am Fadenende ziehen, bis sich die Maschen zusammengezogen haben.

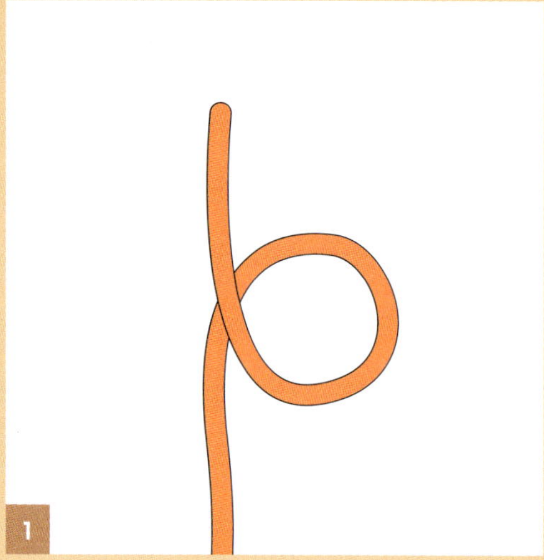

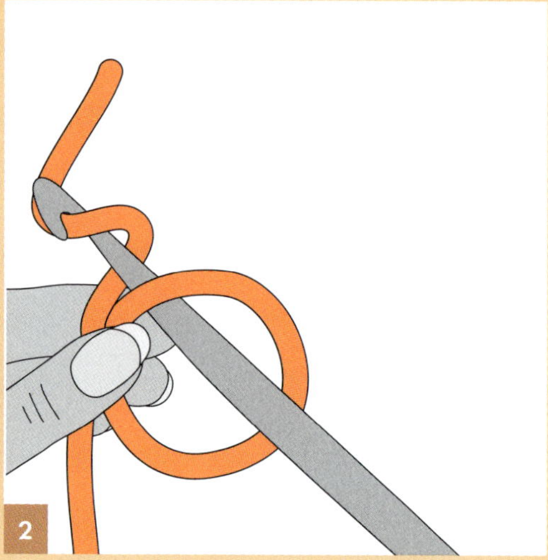

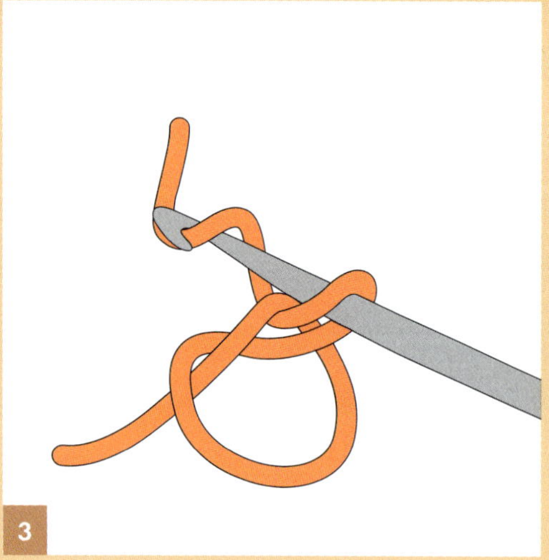

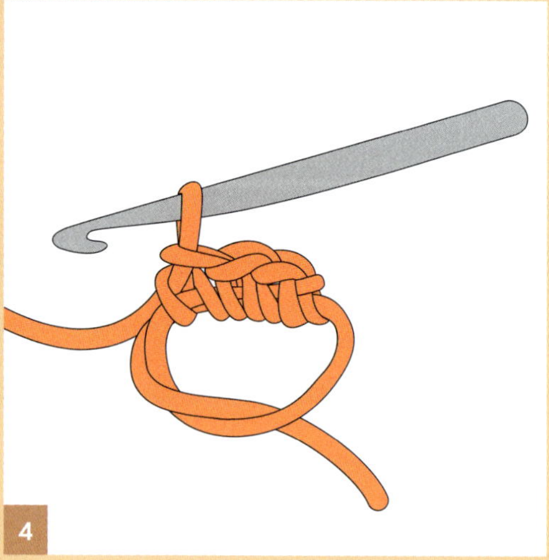

HÄKELSTÜCK BEENDEN

Um eine Runde/Reihe zu beenden, den Faden fest durch die letzte Masche ziehen und ca. 20 cm lang abschneiden. Das Fadenende mithilfe einer Wollnadel in die Maschen bzw. nach innen vernähen. Wenn der Faden lang abgeschnitten werden soll, mind. 30 cm abschneiden.

RUNDE UNSICHTBAR ABSCHLIESSEN

Die Arbeit mit einem langen Faden abketten. Das Fadenende in eine Vernähnadel fädeln und von oben zwischen die beiden Maschenglieder der zweiten Masche der letzten Runde hindurchstechen. Am Faden ziehen, bis er die gleiche Länge wie die anderen Maschenglieder hat. So wird ein hinteres Maschenglied nachgebildet. Nun mit der Nadel von vorne nach hinten zwischen die Maschenglieder der letzten Masche der Runde stechen. Den Faden erneut durch die Masche ziehen, bis ein vorderes Maschenglied entsteht. Den Faden wie gewohnt vernähen.

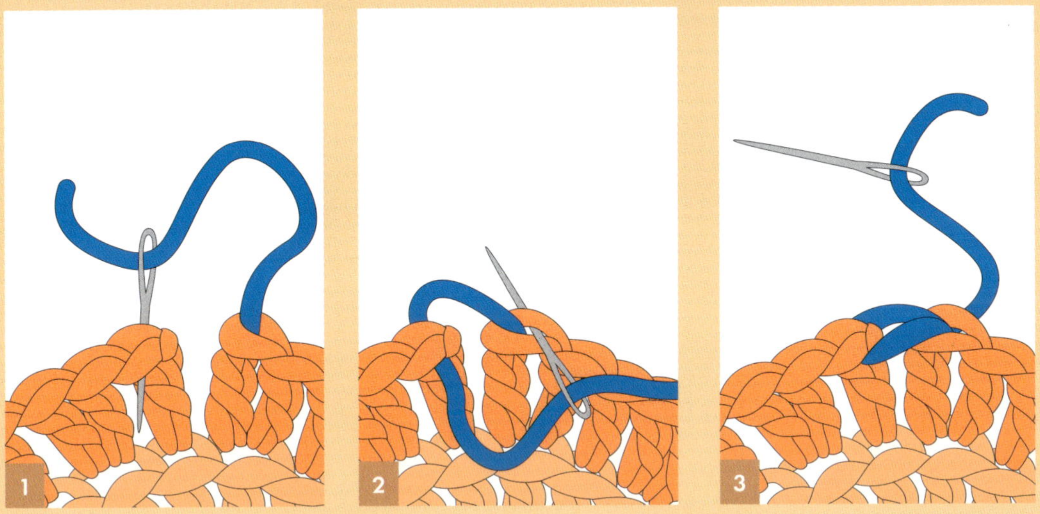

ZUNEHMEN/VERDOPPELN

Alle Maschenarten werden auf die gleiche Weise zugenommen: Man häkelt einfach 2 Maschen in eine Einstichstelle. Hierbei spielt es keine Rolle, ob in Reihen oder Runden gehäkelt wird.

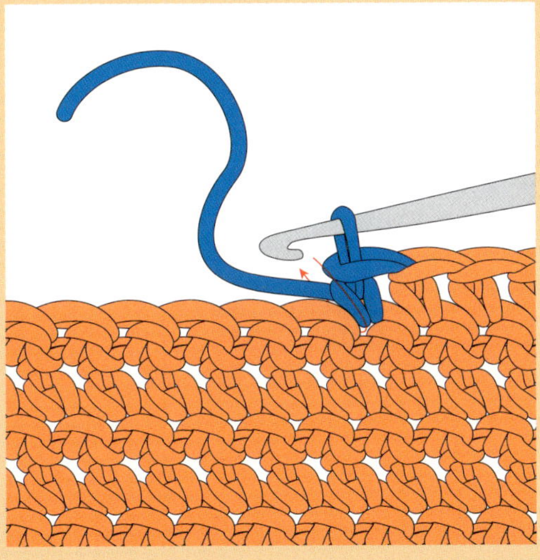

ABNEHMEN/FESTE MASCHEN ZUSAMMEN ABMASCHEN

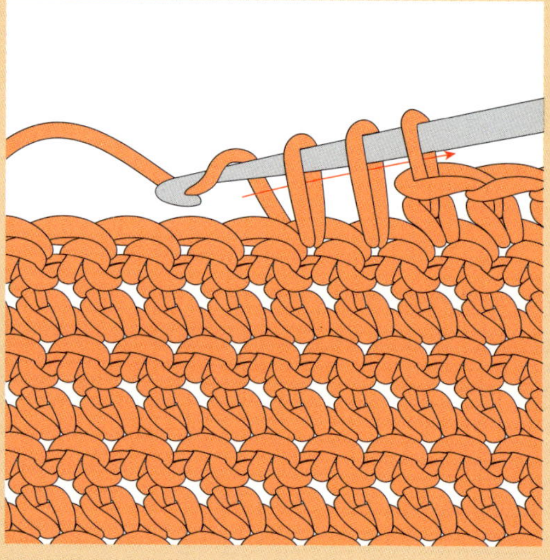

Bei der Abnahme von festen Maschen in Runden/Reihen werden zwei feste Maschen zusammen abgemascht, sodass eine neue Masche entsteht. Dazu in die erste abzunehmende Masche einstechen und den Faden durchholen. Es befinden sich nun zwei Schlaufen auf der Nadel. Diese werden aber nicht abgemascht, sondern die Nadel durch die nächste Masche gestochen. Wieder den Faden holen. Es befinden sich nun drei Schlingen auf der Nadel. Den Arbeitsfaden durch alle Schlingen ziehen.

UNSICHTBARE ABNAHME

Die Nadel durch die beiden vorderen Maschenglieder der beiden Maschen stechen, die abgenommen werden sollen. Den Faden durchholen, sodass sich auf der Nadel nun zwei Schlingen befinden. Beide Schlingen zu einer festen Masche abmaschen. Im Maschenbild wirkt diese Abnahme nun wie eine einfache, feste Masche. Diese Art der Abnahme nur beim Häkeln in Runden verwenden.

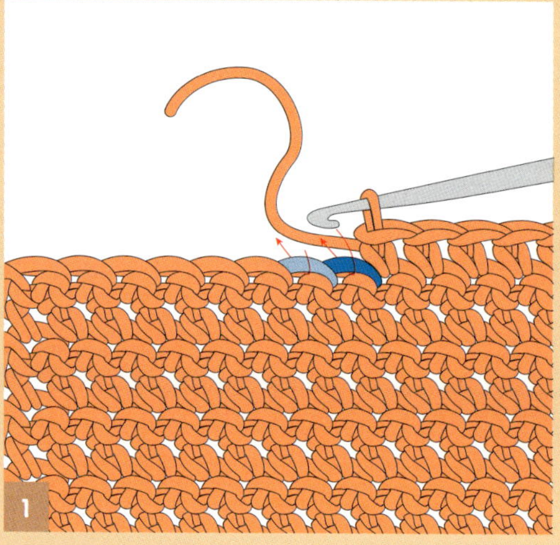

1

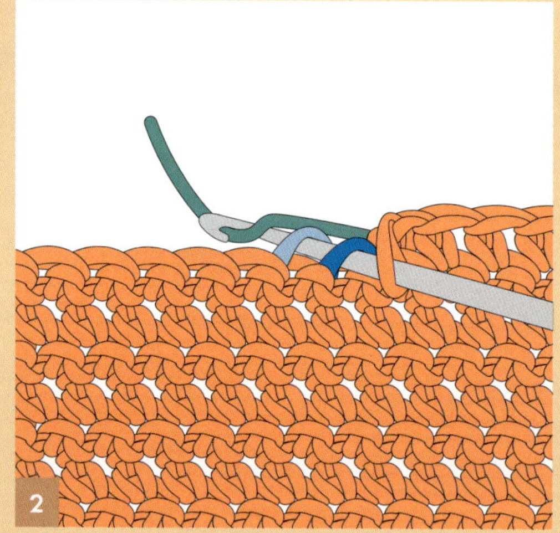

2

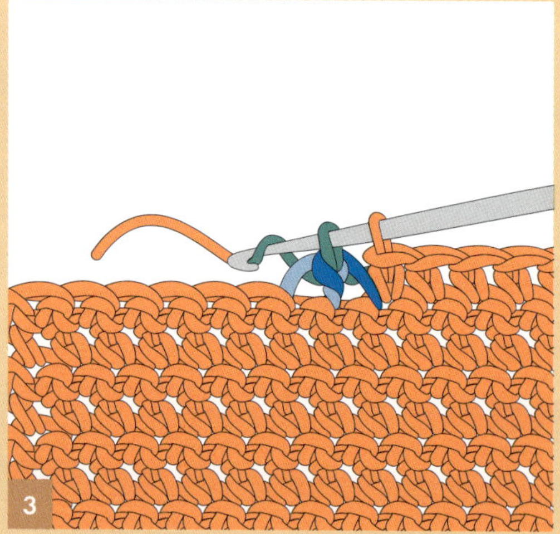

3

FARBWECHSEL

Wird eine neue Farbe aufgenommen, in der ersten Farbe bis zur letzten Masche der Runde/Reihe häkeln. Diese nicht abmaschen, sondern beide Schlingen auf der Nadel behalten. Mit der Nadel nun den Faden der neuen Farbe durchholen und damit weiterhäkeln.

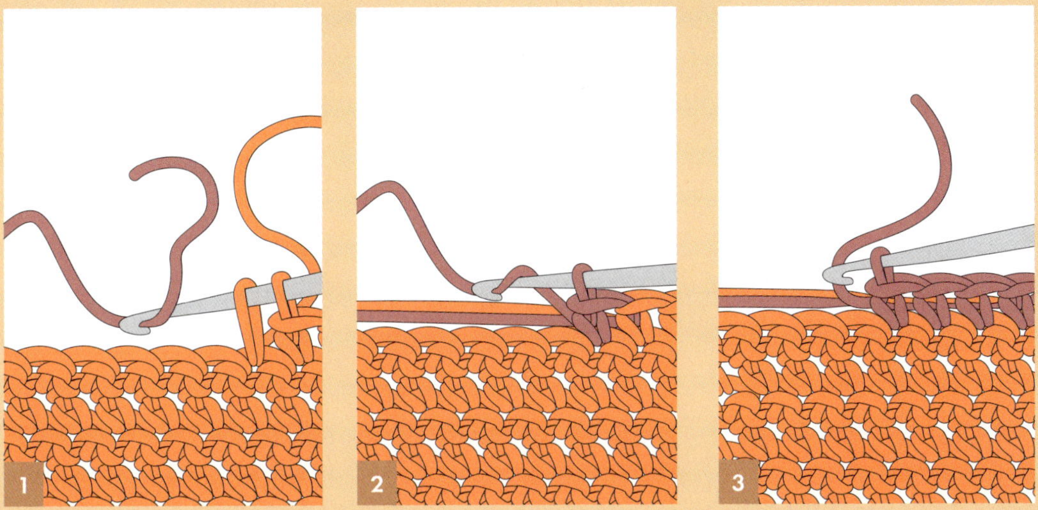

HALBE STÄBCHEN ZUS ABMASCHEN

Bei der Abnahme von halben Stäbchen in Runden/Reihen werden zwei halbe Stäbchen zusammen abgemascht, sodass eine neue Masche entsteht. Dazu wie gewohnt einen Umschlag auf die Nadel legen. Nun mit der Nadel in die erste abzunehmende Masche einstechen und den Faden durchholen. Auf der Nadel liegen nun 3 Schlingen. Einen weiteren Umschlag bilden und in die nächste Masche einstechen. Den Faden holen. Zum Schluss alle 5 auf der Nadel liegenden Schlingen zusammen abmaschen.

Stickstiche

SPANNSTICH

Den Faden von vorne nach hinten durchführen. Dann im gewünschten Abstand einstechen und den Faden durchziehen. Spannstiche können vertikal, horizontal, lang oder kurz sein.

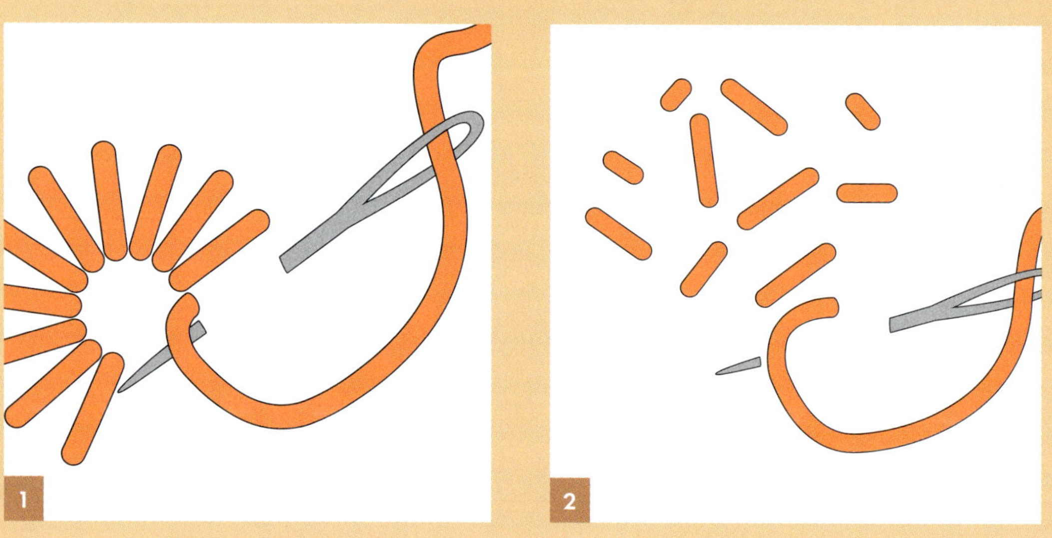

KNÖTCHENSTICH

Den Faden ein, oder zweimal über die Nadel schlingen und durchziehen, sodass ein Knoten entsteht. Danach knapp neben der Ausstichstelle einstechen und den Faden durchziehen. Zum Schluss den Faden auf der Rückseite sichern.

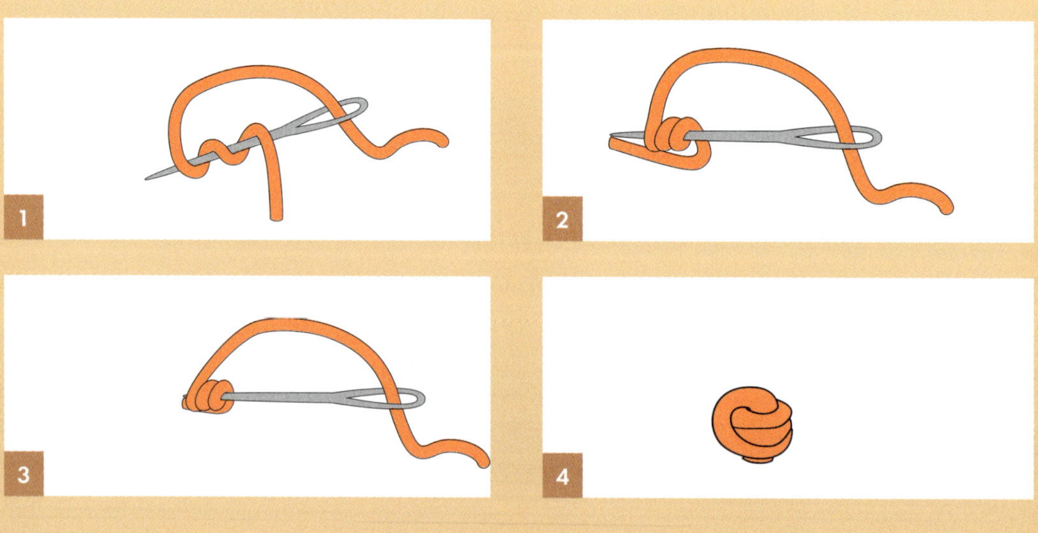

RÜCKSTICH

Mit einem einfachen Spannstich beginnen. Dann mit der Nadel im gewünschten Abstand rechts von der Einstichstelle wieder ausstechen. Nun den Faden durch dieselbe Einstichstelle wieder nach innen führen. So lange wiederholen, bis die nötige Länge erreicht ist.

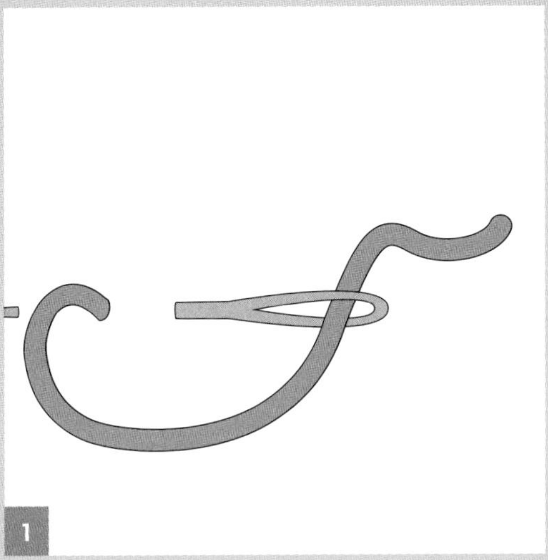

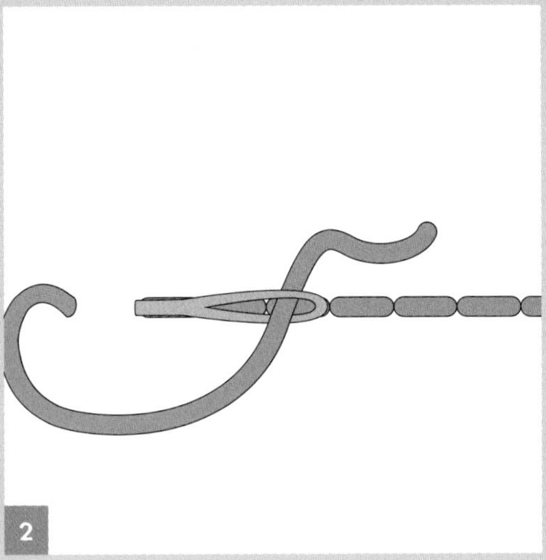

Abkürzungen

abn	abnehmen/Abnahme(n)
anschl	anschlagen
Fb	Farbe(n)
fM	feste Masche(n)
hStb	halbes Stäbchen
ihM	ins hintere Maschenglied
ivM	ins vordere Maschenglied
Km	Kettmasche(n)
LL	Lauflänge

Lm	Luftmasche(n)
N	Noppe
Nd	Nadel
R	Reihe(n)
Rd	Runde(n)
Stb	Stäbchen
wdh	wiederholen
zun	zunehmen/Zunahme(n)

Schwierigkeitsgrade

= einfach = mittel = schwer

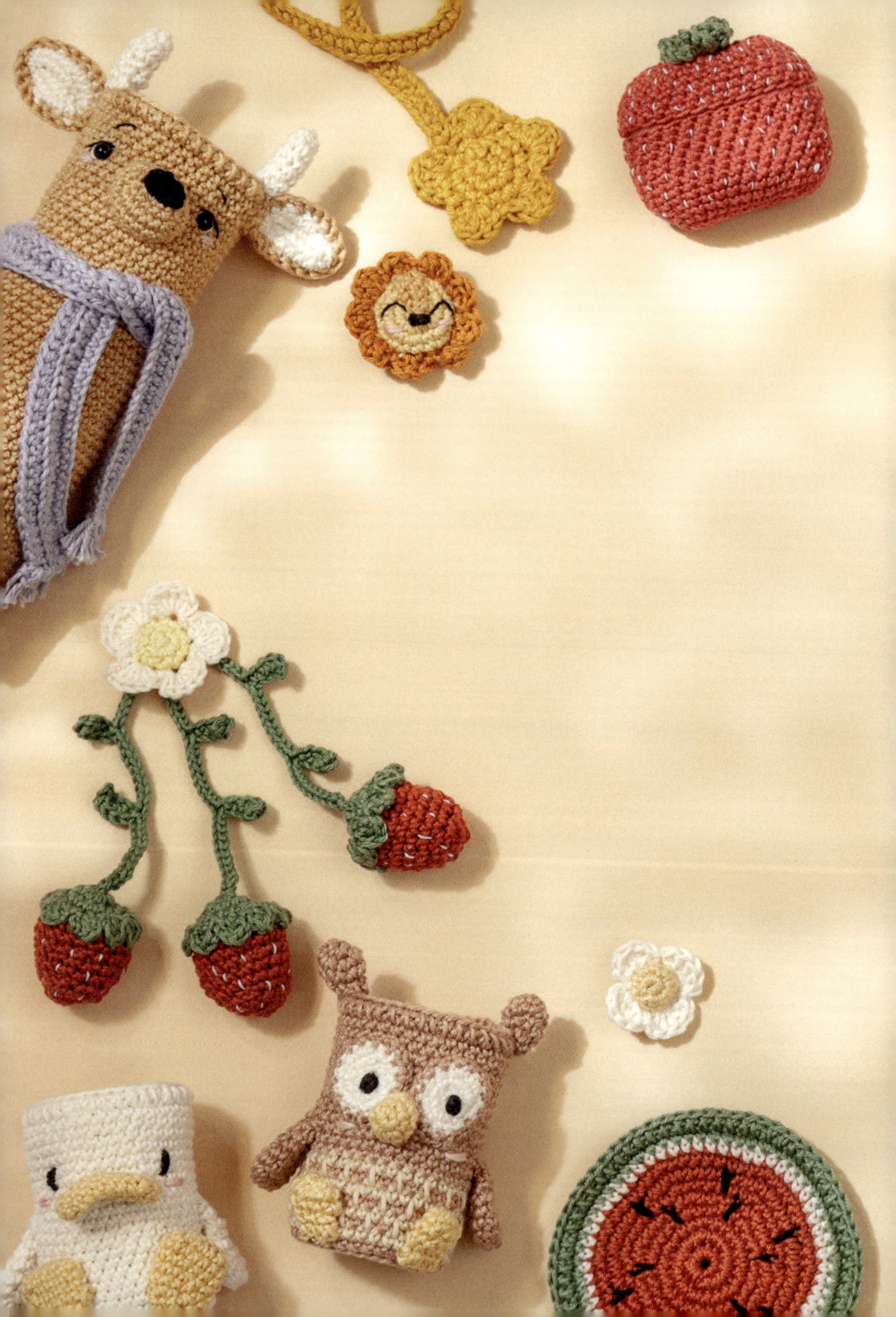

Projekte

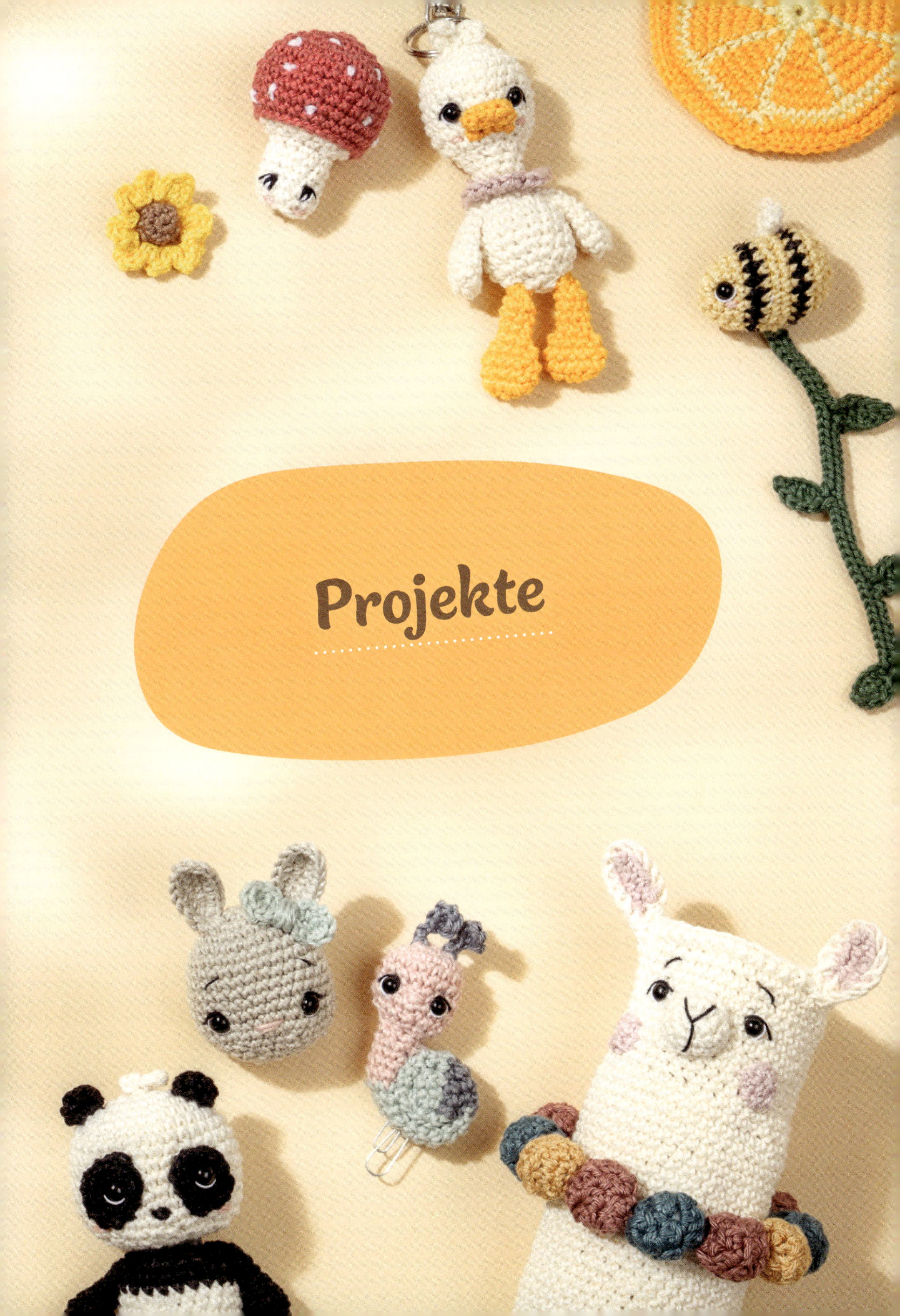

Stiftehalter

Eddi Enterich

Schwierigkeit

Größe 10 cm

Material

- Schachenmayr Catania (100 % Baumwolle, LL 125 m/50 g) in
  - Crème (Fb 130), 25 g
  - Honig (Fb 206), 8 g
  - Camel (Fb 179), 5 g
  - Altrosa (Fb 408), ein Rest
- Filetgarn in Schwarz
- 1 Papprolle, hier leere Toilettenpapierrolle oder ein Glas mit gleichen Maßen
- Häkelnadel 2,5 mm
- Stopfnadel zum Vernähen
- Maschenmarkierer
- Stecknadeln
- Schere

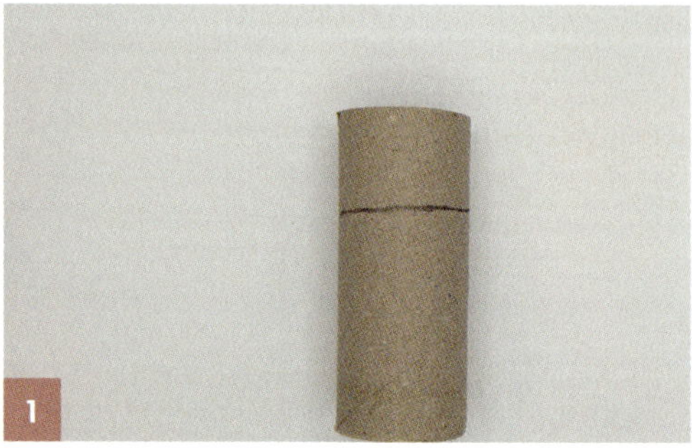
1

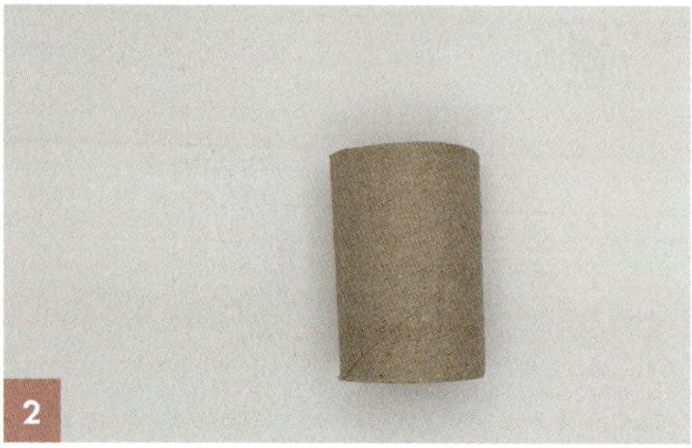
2

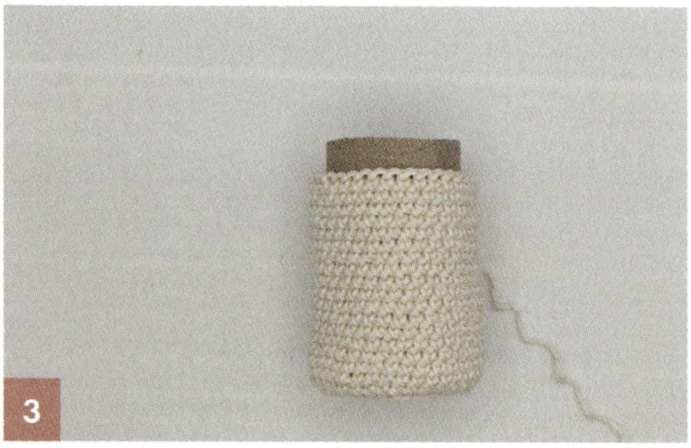
3

VORBEREITUNGEN

Schneide zunächst das obere Drittel der Papprolle (ca. 3 cm) ab. Dadurch erhältst du die richtige Höhe (Bild 1–2). Wenn du einen höheren Stifthalter möchtest, kannst du diesen Schritt auslassen und gleich mit dem Häkeln beginnen. Füge dann am Ende noch 3 weitere Rd mit fM an, damit die ganze Rolle bedeckt ist.

KÖRPER (in Crème)

Häkle in Spiral-Rd.

1. Rd: 6 fM in einen Fadenring häkeln. [6]

2. Rd: 6 x 1 M zun. [12]

3. Rd: *1 fM, 1 M zun*, von * bis * noch 5 x wdh. [18]

4. Rd: *2 fM, 1 M zun*, von * bis * noch 5 x wdh. [24]

5. Rd: *3 fM, 1 M zun*, von * bis * noch 5 x wdh. [30]

6. Rd: *4 fM, 1 M zun*, von * bis * noch 5 x wdh. [36]

7. Rd: 36 fM ihM häkeln.

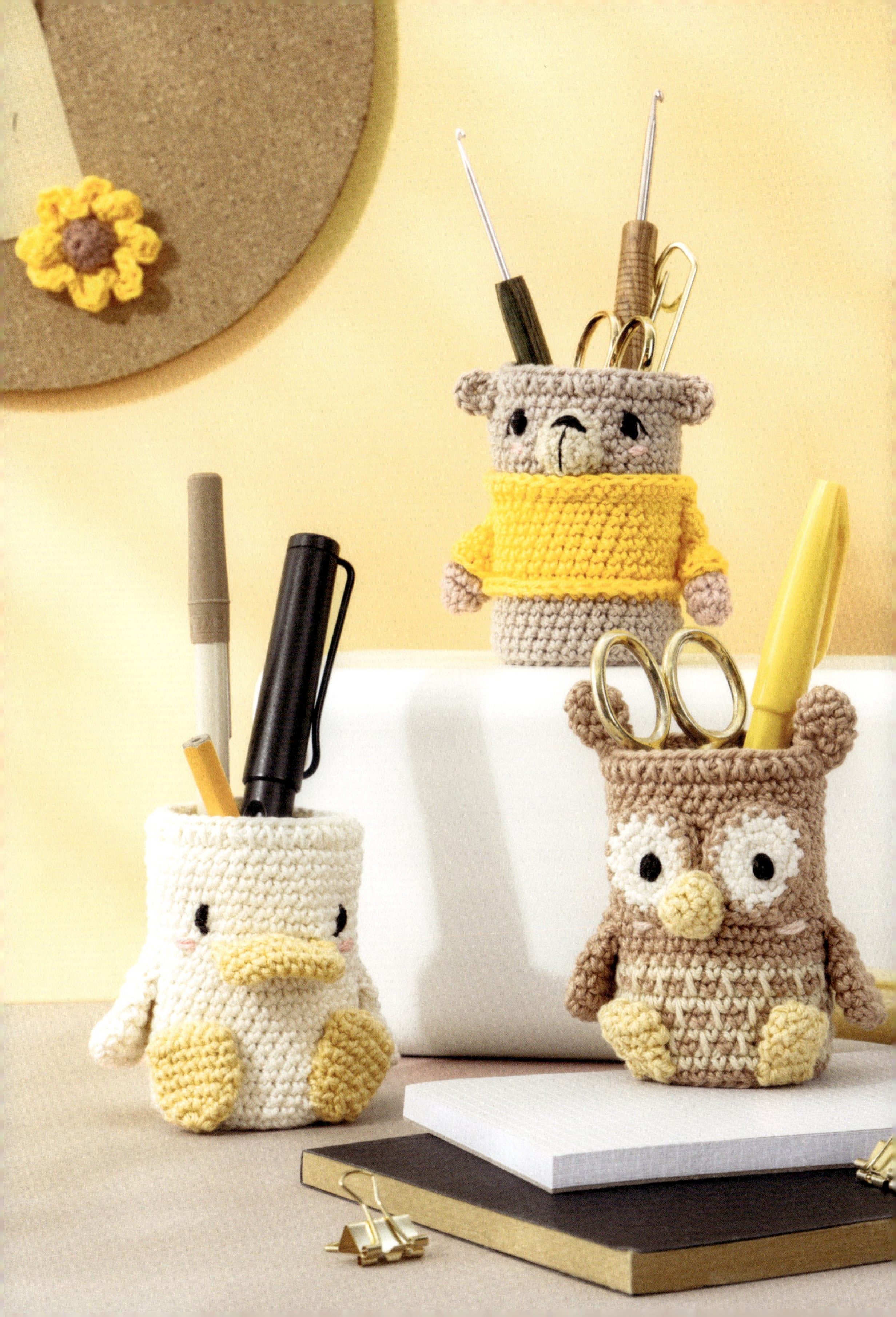

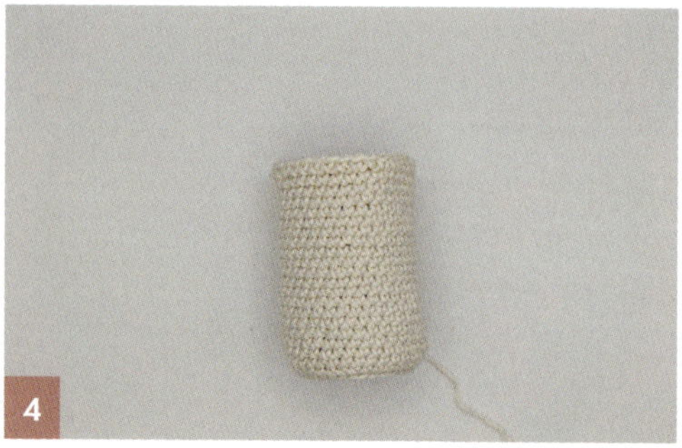
4

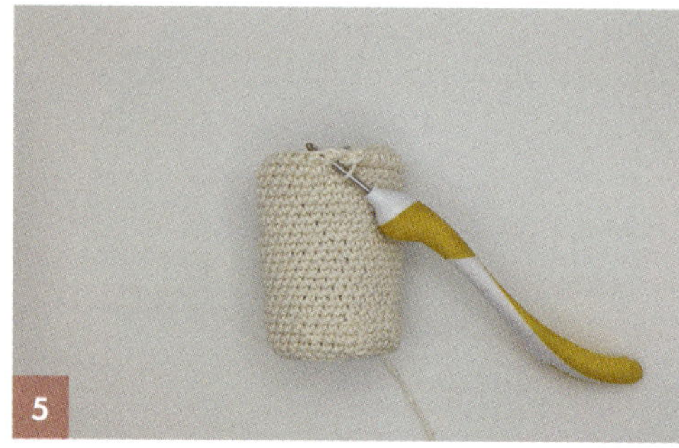
5

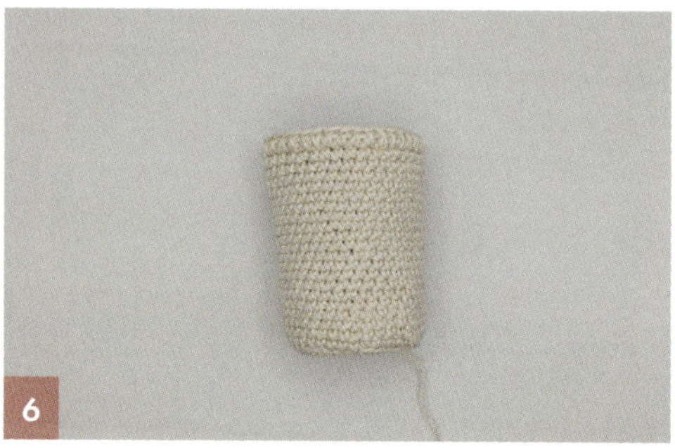
6

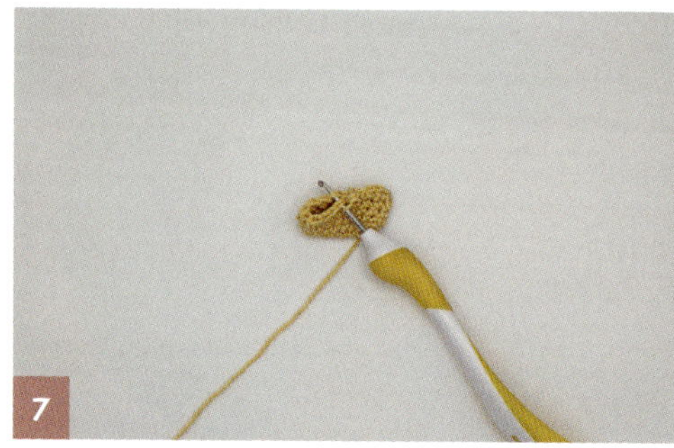
7

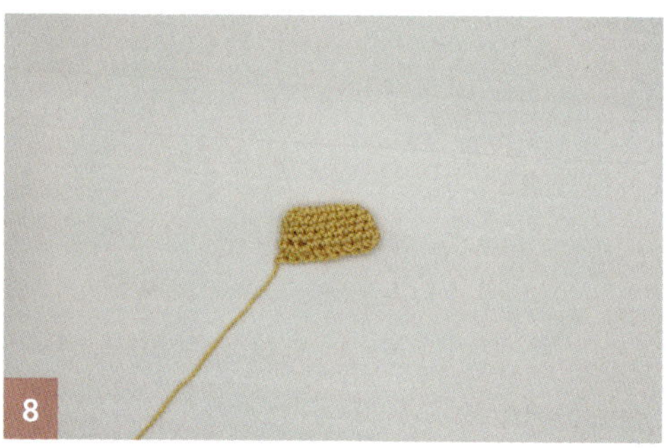
8

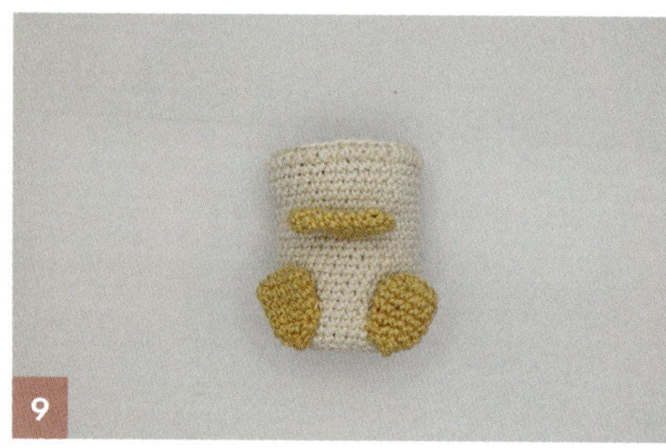
9

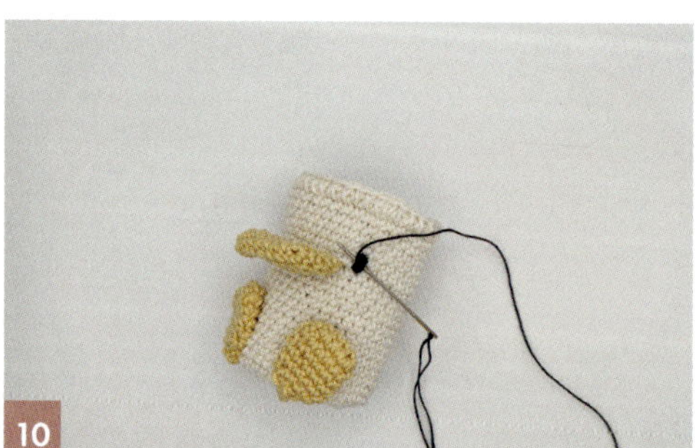
10

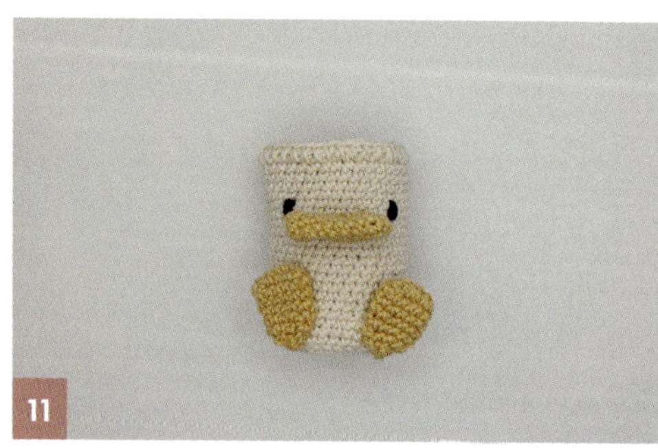
11

8.–27. Rd: 36 fM häkeln. (Bild 3–4)
Sollte hier der Rand der Papprolle noch etwas überstehen, kannst du dieseentweder noch etwas zurechtschneiden oder eine zusätzliche Rd mit fM häkeln.
28. Rd: *4 fM, 1 M abn*, von * bis * noch 5 x wdh. [30]
29. Rd: 36 tiefgestochene fM häkeln. (Bild 5–6)
Den Faden abschneiden und vernähen. Anschließend die Papprolle in das Häkelstück schieben.

FÜSSE (2 x in Honig)

Häkle in Spiral-Rd. Schlage 6 Lm an, stich in die 2. Lm von der Nd aus ein und häkle wie folgt um die Lm-Kette herum:
1. Rd: 4 fM, 3 fM in 1 M, weiter auf der anderen Seite der Lm-Kette, 3 fM, 1 M zun. [12]
2.–5. Rd: 12 fM häkeln. [12]
6. Rd: *4 fM, 1 M abn*, von * bis * noch 1 x wdh. [10]
7. Rd: *3 fM, 1 M abn*, von * bis * noch 1 x wdh. [8]
Die Füße nicht mit Füllwatte ausstopfen. Den Faden lang abschneiden, durch die vorderen M-Glieder der letzten Rd fädeln, festziehen und vernähen. Einen zweiten Fuß häkeln. Beide Füße am unteren Rand des Körpers mit 6 fM Abstand festnähen.

SCHNABEL (in Honig)

Häkle in Spiral-Rd. Schlage 9 Lm an, stich in die 2. Lm von der Nd aus ein und häkle wie folgt um die Lm-Kette herum:
1. Rd: 7 fM, 3 fM in 1 M, weiter auf der anderen Seite der Lm-Kette, 6 fM, 1 M zun. [18]
2.–4. Rd: 18 fM häkeln.
Den Schnabel nicht mit Füllwatte ausstopfen.
Das Ende falten, durch die gegenüberliegenden M der 4. Rd stechen und diese mit 9 fM zusammenhäkeln (Bild 7–8). Den Faden lang abschneiden und den Schnabel zwischen Rd 20–21 am Körper festnähen (Bild 9).

Gesicht fertigstellen

Die Augen mit schwarzem Filetgarn 1 Rd neben dem Schnabel über 2 fM hoch aufsticken, dabei 9 x einstechen. Anschließend noch ein paar Stiche quer über die Augen sticken, um diese zu fixieren (Bild 10–11). Die Wangen in Altrosa über 2 fM breit und 1 Rd hoch unter den Augen anbringen, dabei 3 x einstechen.

FLÜGEL (2 x in Crème)

Häkle in Spiral-Rd. Schlage 6 Lm an, stich in die 2. Lm von der Nd aus ein und häkle wie folgt um die Lm-Kette herum:
1. Rd: 4 fM, 3 fM in 1 M, weiter auf der anderen Seite der Lm-Kette, 3 fM, 1 M zun. [12]
2.–5. Rd: 12 fM häkeln.
6. Rd: *1 M abn, 4 fM*, von * bis * noch 1 x wdh. [10]
7. Rd: 10 fM häkeln.
Häkle 2 weitere fM. Das Ende falten, durch die gegenüberliegenden M der 7. Rd stechen und diese mit 5 fM zusammenhäkeln. Den Faden lang abschneiden und die Flügel seitlich am Körper 3 Rd unter den Augen festnähen.

Elisabeth Eule

Schwierigkeit

Größe 10 cm

Material

- Schachenmayr Catania in (100 % Baumwolle, LL 125 m/50 g) in
  - Sun-kissed (Fb 437), 20 g
  - Honig (Fb 206), ein Rest
  - Rosé Gold (Fb 433), ein Rest
  - Sand (Fb 404), ein Rest
  - Crème (Fb 130), ein Rest
- Filetgarn in Schwarz
- 1 Papprolle, hier leere Toilettenpapierrolle oder ein Glas mit gleichen Maßen
- Füllwatte
- Häkelnadel 2,5 mm
- Stopfnadel zum Vernähen
- Maschenmarkierer
- Stecknadeln
- Schere

VORBEREITUNGEN

Schneide zunächst das obere Drittel der Papprolle (ca. 3 cm) ab. Dadurch erhältst du die richtige Höhe. Wenn du einen höheren Stifthalter möchtest, kannst du diesen Schritt auslassen und gleich mit dem Häkeln beginnen. Füge dann am Ende noch 3 weitere Rd mit fM an, damit die ganze Rolle bedeckt ist.

Hinweis: Eine bebilderte Anleitung zum Vorbereiten der Papprolle findest du in der Anleitung des Stiftehalters Ente auf Seite 28.

KÖRPER (in Sun-kissed und Sand)

Häkle in Spiral-Rd. Den Körper nicht mit Füllwatte ausstopfen. Beginne in Sun-kissed.

1. Rd: 6 fM in einen Fadenring häkeln. [6]

2. Rd: 6 x 1 M zun. [12]

3. Rd: *1 fM, 1 M zun*, von * bis * noch 5 x wdh. [18]

4. Rd: *2 fM, 1 M zun*, von * bis * noch 5 x wdh. [24]

5. Rd: *3 fM, 1 M zun*, von * bis * noch 5 x wdh. [30]

6. Rd: *4 fM, 1 M zun*, von * bis * noch 5 x wdh. [36]

7. Rd: 36 fM ihM häkeln.

Häkle ab hier immer 1 Rd Sand und 1 Rd Sun-kissed im Wechsel. Beginne in Sand.

8.–15. Rd: 36 fM häkeln (Bild 1).

Ab hier nur noch in Sun-kissed häkeln.

16.–27. Rd: 36 fM häkeln.

28. Rd: *4 fM, 1 M abn*, von * bis * noch 5 x wdh. [30]

29. Rd: 36 tiefgestochene fM häkeln.

Den Faden nun abschneiden und vernähen. Anschließend die Details für das Karomuster

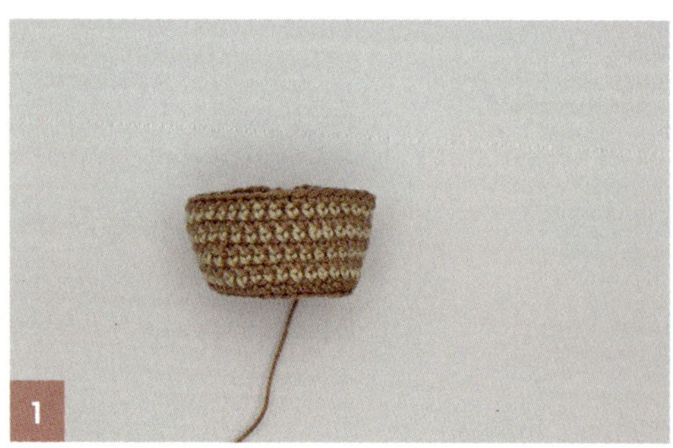

1

in Sand über Rd 8–15 mit Spannstichen aufsticken. Zwischen den Stichen 2 fM Abstand lassen (Bild 2–4). Den Faden abschneiden und vernähen. Anschließend die Papprolle in das Häkelstück schieben.

AUGEN (2 x in Crème und Sun-kissed)

Häkle in Spiral-Rd. Beginne in Crème.
1. Rd: 6 fM in einen Fadenring häkeln. [6]
2. Rd: *1 fM, 2 x 1 M zun*, von * bis * noch 1 x wdh. [10]
3. Rd: *3 fM, 2 x 1 M zun*, von * bis * noch 1 x wdh. [14]
Fb-Wechsel Sun-kissed.
4. Rd: 14 fM häkeln.
Abketten, den Faden lang abschneiden. Ein zweites Auge häkeln. Die Pupillen mit schwarzem Filetgarn über Rd 1–2 der Augen aufsticken. Nutze dazu den Rückstich und stich ca. 10 x ein. Die Augen über Rd 18–25 am Körper festnähen (Bild 5).

SCHNABEL (in Honig)

Häkle in Spiral-Rd. Den Schnabel nur leicht mit Füllwatte ausstopfen.
1. Rd: 6 fM in einen Fadenring häkeln. [6]
2. Rd: *2 fM, 1 M zun*, von * bis * noch 1 x wdh. [8]
3. Rd: *2 fM, 1 M abn*, von * bis * noch 1 x wdh. [6]
Den Faden lang abschneiden und den Schnabel zwischen den Augen festnähen.

FÜSSE (2 x in Honig)

Häkle in Spiral-Rd. Die Füße nicht mit Füllwatte ausstopfen.
1. Rd: 8 fM in einen Fadenring häkeln. [8]
2.–3. Rd: 8 fM häkeln.
4. Rd: *2 fM, 1 M abn*, von * bis * noch 1 x wdh. [6]
Das Ende falten, durch die gegenüberliegenden M der 4. Rd stechen und diese mit 3 fM zusammenhäkeln. Den Faden lang abschneiden. Einen zweiten Fuß häkeln. Anschließend beide Füße am unteren Rand des Körpers festnähen.

OHREN (2 x in Sun-kissed)

Häkle in Spiral-Rd. Die Ohren nicht mit Füllwatte ausstopfen.
1. Rd: 6 fM in einen Fadenring häkeln. [6]
2. Rd: *2 fM, 1 M zun*, von * bis * noch 1 x wdh. [8]
3. Rd: 8 fM häkeln.
4. Rd: *2 fM, 1 M abn*, von * bis * noch 1 x wdh. [6]
Den Faden lang abschneiden, durch die vorderen M-Glieder der letzten Rd fädeln, festziehen und die Ohren am oberen Rand des Körpers festnähen. Die Wangen anschließend in Rosé Gold unter den Augen über 2 fM breit sticken, dabei 3 x einstechen.

FLÜGEL (2 x in Sun-kissed)

Häkle in Spiral-Rd. Die Flügel nicht mit Füllwatte ausstopfen.
6 Lm anschlagen, in die 2. Lm von der Nd aus einstechen und wie folgt um die Lm-Kette herumhäkeln:
1. Rd: 4 fM, 3 fM in 1 M, weiter auf der anderen Seite der Lm-Kette, 3 fM, 1 M zun. [12]
2.–5. Rd: 12 fM häkeln.
6. Rd: *1 M abn, 4 fM*, von * bis * noch 1 x wdh. [10]
7. Rd: 10 fM häkeln.
Häkle zwei weitere fM. Das Ende falten, durch die gegenüberliegenden M der 7. Rd stechen und diese mit 5 fM zusammenhäkeln (Bild 6–7). Den Faden lang abschneiden und die Flügel parallel zu den Augen seitlich am Körper festnähen (Bild 8).

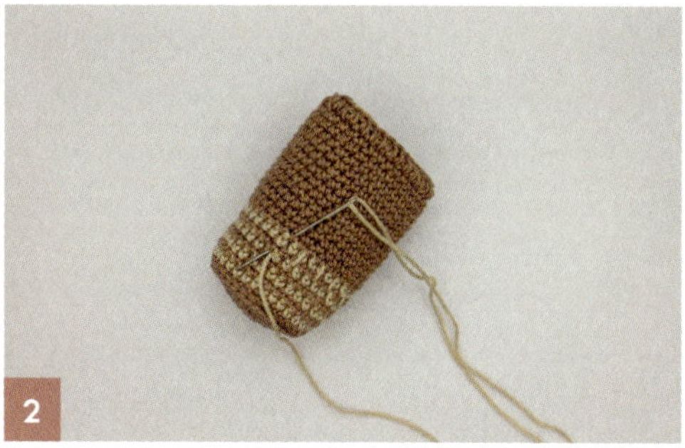
2

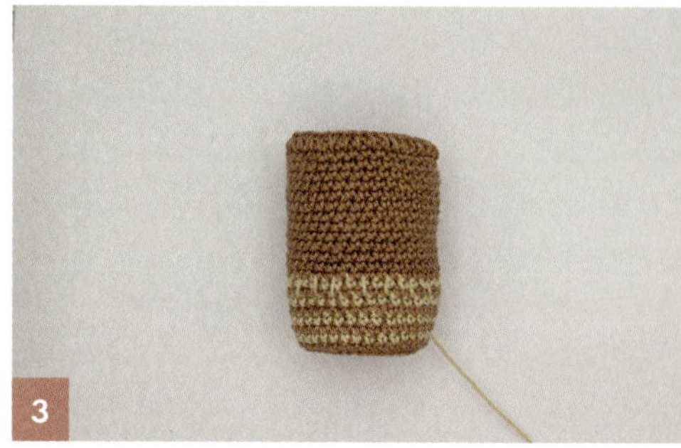
3

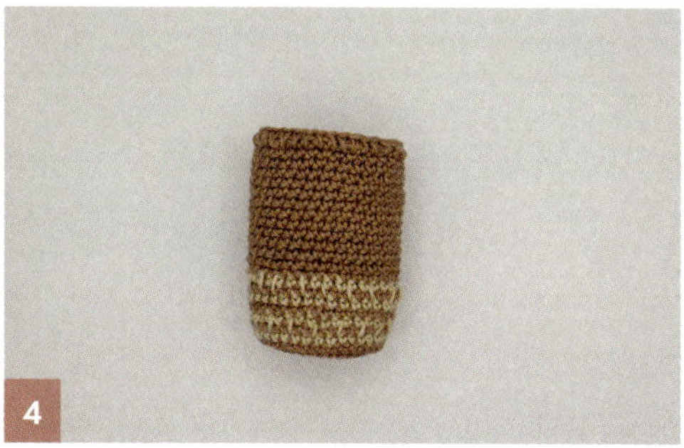
4

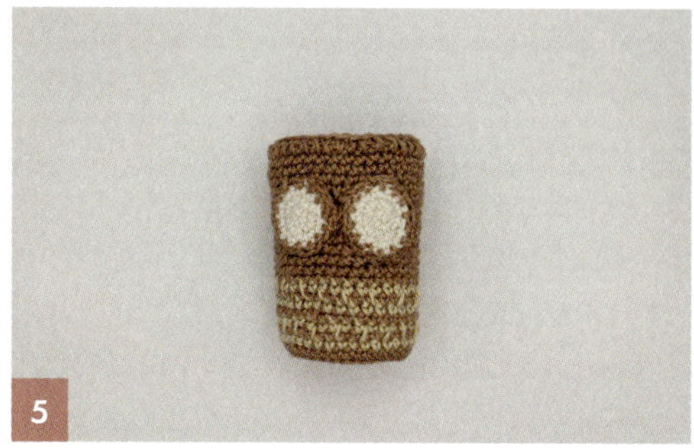
5

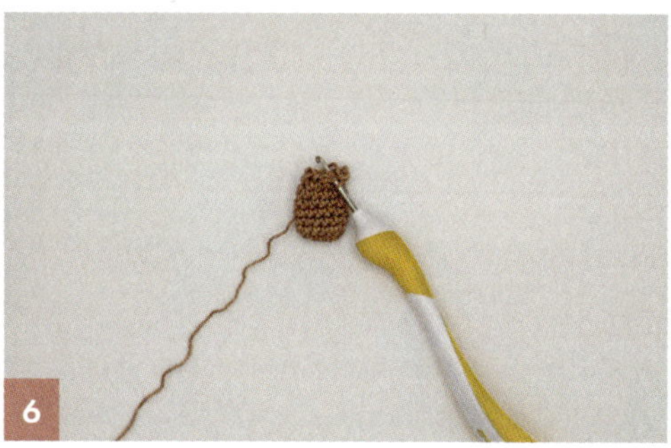
6

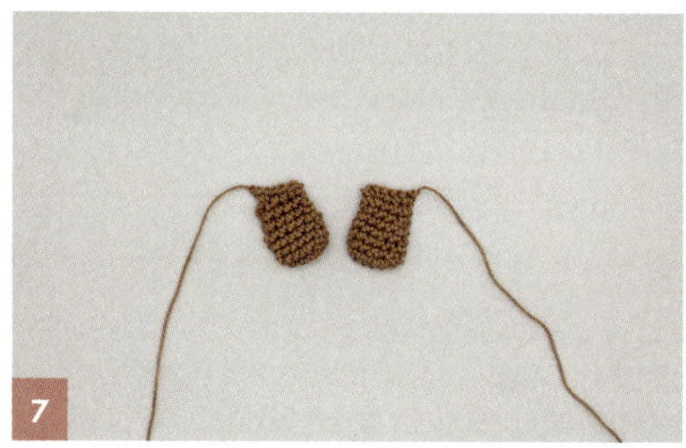
7

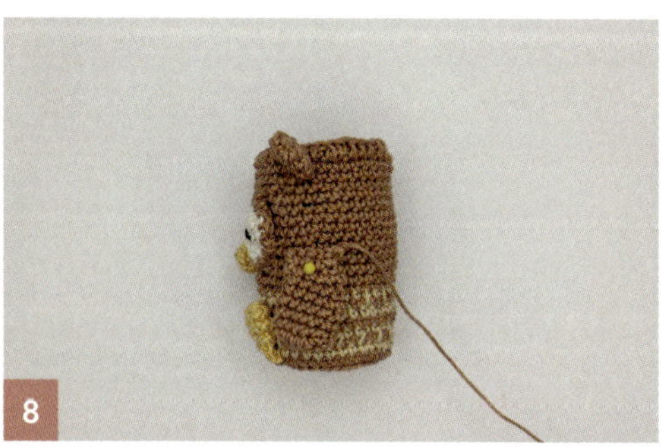
8

Benno Bär

Schwierigkeit ●●○

Größe 10 cm

Material

- Schachenmayr Catania (100 % Baumwolle, LL 125 m/50 g) in
  - Bast (Fb 257), 15 g
  - Sonne (Fb 208), 10 g
  - Altrosa (Fb 408), ein Rest
  - Sand (Fb 404), ein Rest
- Filetgarn in Schwarz und Weiß
- 1 Papprolle, hier leere Toilettenpapierrolle oder ein Glas mit gleichen Maßen
- Füllwatte
- Häkelnadel 2,5 mm
- Stopfnadel zum Vernähen
- Maschenmarkierer
- Stecknadeln
- Schere

VORBEREITUNGEN

Schneide zunächst das obere Drittel der Papprolle (ca. 3 cm) ab. Dadurch erhältst du die richtige Höhe. Wenn du einen höheren Stifthalter möchtest, kannst du diesen Schritt auslassen und gleich mit dem Häkeln beginnen. Füge dann am Ende noch 3 weitere Rd mit fM an, damit die ganze Rolle bedeckt ist.

Hinweis: Eine bebilderte Anleitung zum Vorbereiten der Papprolle findest du in der Anleitung des Stiftehalters Ente auf Seite 28.

KÖRPER (in Bast und Sonne)

Häkle in Spiral-Rd. Den Körper nicht mit Füllwatte ausstopfen. Beginne in Bast.

1. Rd: 6 fM in einen Fadenring häkeln. [6]
2. Rd: 6 x 1 M zun. [12]
3. Rd: *1 fM, 1 M zun*, von * bis * noch 5 x wdh. [18]
4. Rd: *2 fM, 1 M zun*, von * bis * noch 5 x wdh. [24]
5. Rd: *3 fM, 1 M zun*, von * bis * noch 5 x wdh. [30]
6. Rd: *4 fM, 1 M zun*, von * bis * noch 5 x wdh. [36]
7. Rd: 36 fM ihM häkeln.
8.–11. Rd: 36 fM häkeln.
Fb-Wechsel zu Sonne.
12. Rd: 36 fM häkeln.
13. Rd: 36 fM ihM häkeln.
14.–19. Rd: 36 fM häkeln.
Fb-Wechsel zu Bast.
20. Rd: 36 fM ihM häkeln.
21.–27. Rd: 36 fM häkeln.
28. Rd: *4 fM, 1 M abn*, von * bis * noch 5 x wdh. [30]
29. Rd: 36 tiefgestochene fM häkeln.
Den Faden abschneiden und vernähen. Die Papprolle in das Häkelstück schieben.

Körper fertigstellen

Nimm den Faden in Sonne im vorderen M-Glied aus Rd 13 des Körpers auf. Stich dabei von unten ein und häkle 36 fM in alle vorderen M-Glieder der 13. Rd (Bild 1–2). Den Faden abschneiden und vernähen. Anschließend den Faden noch 1 x im vorderen M-Glied aus Rd 20 in Sonne aufnehmen.

Dabei von unten einstechen und rundherum 2 Rd mit je 36 fM häkeln (Bild 3). Den Faden abschneiden und vernähen.

SCHNAUZE (in Sand)

Häkle in Spiral-Rd. Die Schnauze nur locker mit Füllwatte ausstopfen.

1. Rd: 6 fM in einen Fadenring häkeln. [6]

2. Rd: *1 fM, 1 M zun*, von * bis * noch 2 x wdh. [9]

3. Rd: 9 fM häkeln.

Mit 1 Km in die 1. M der Rd beenden und den Faden lang abschneiden. Die Schnauze direkt am Rand des Kragen, am Körper festnähen.

Gesicht fertigstellen

Die Nase mit schwarzem Filetgarn zwischen Rd 2 und 3 der Schnauze über 2 fM breit sticken, dabei 6 x einstechen (Bild 4–5). Darunter 4 fM nach unten stechen um die Schnauze fertigzustellen (Bild 6). Die Augen mit schwarzem Filetgarn 2 fM neben der Schnauze über 2 fM hoch sticken, dabei 10 x einstechen. Anschließend noch ein paar Stiche quer über das Auge sticken, um es so zu fixieren und in die richtige Form zu bringen (Bild 7–10). Das Augenweiß mit weißem Filetgarn direkt neben den Augen und die Augenlider mit schwarzem Filetgarn direkt über den Augen aufsticken. Die Wangen in Altrosa direkt unter den Augen über 1 fM breit sticken, dabei 2 x einstechen.

OHREN (2 x in Bast)

Häkle in Spiral-Rd.

1. Rd: 8 fM in einen Fadenring häkeln. [8]

Mit 1 Km in die 1. M der Rd beenden. Den Faden lang abschneiden und die Ohren 3 fM neben den Augen am oberen Rand des Kopfes festnähen.

ARME (2 x in Bast und Sonne)

Häkle in Spiral-Rd. Die Arme nicht mit Füllwatte ausstopfen. Beginne in Bast.

1. Rd: 8 fM in einen Fadenring häkeln. [8]

2.–3. Rd: 8 fM häkeln.

4. Rd: *2 fM, 1 M abn*, von * bis * noch 1 x wdh. [6]

Fb-Wechsel zu Sonne.

5. Rd: 6 fM ihM häkeln.

6. Rd: 6 fM häkeln.

Das Ende falten, durch die gegenüberliegenden M der 6. Rd stechen und diese mit 3 fM zusammenhäkeln. Den Faden lang abschneiden. Anschließend den Faden in Sonne im vorderen M-Glied aus Rd 6 der Arme aufnehmen. Dabei von oben einstechen und rundherum 3 Rd mit jeweils 6 fM häkeln. Den Faden abschneiden und vernähen. Die Ärmel nach unten zur Hand umstülpen. Die Arme direkt unter dem Kragen seitlich am Körper festnähen.

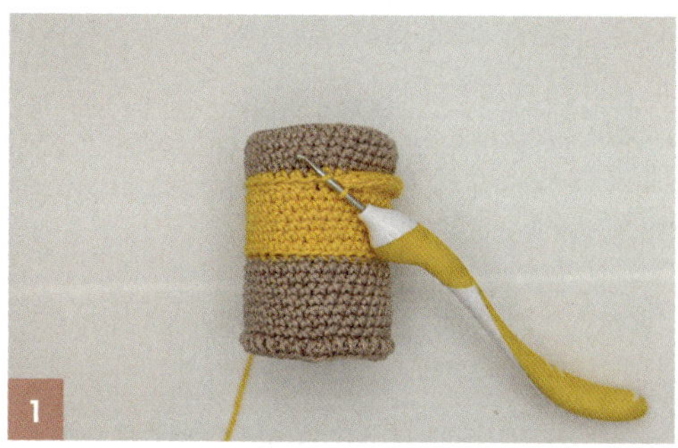

1

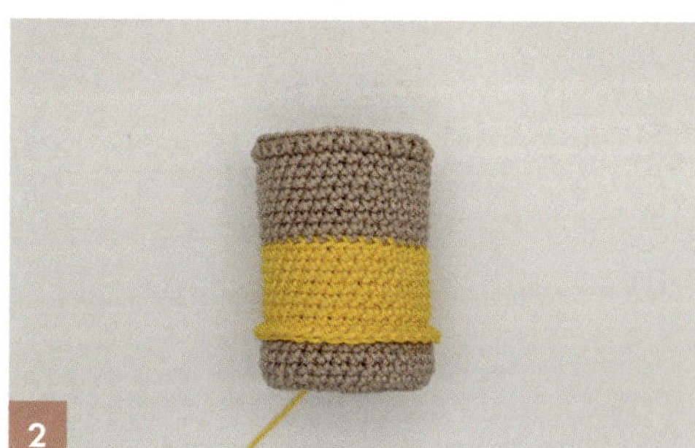

2

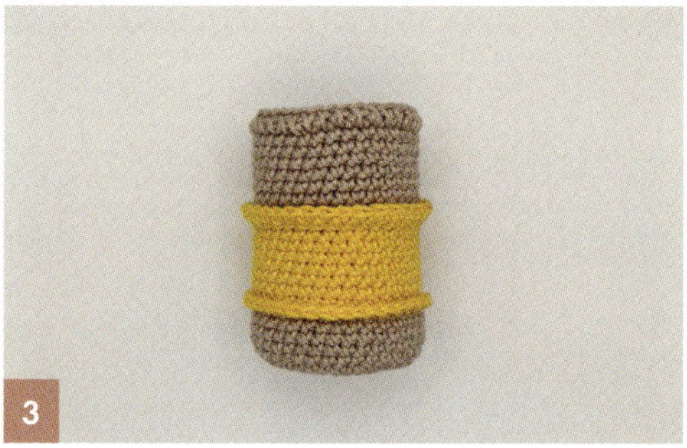
3

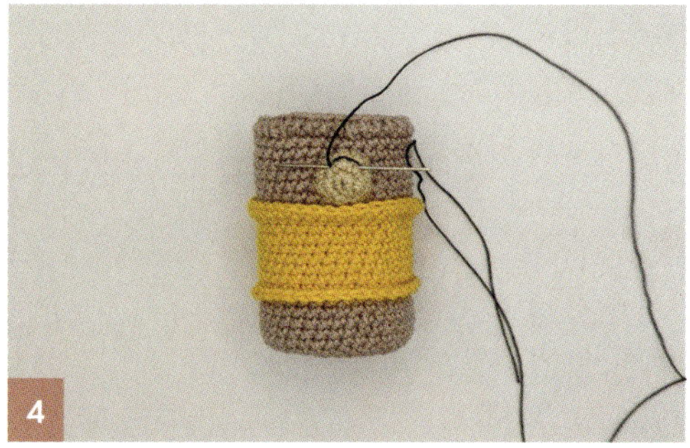
4

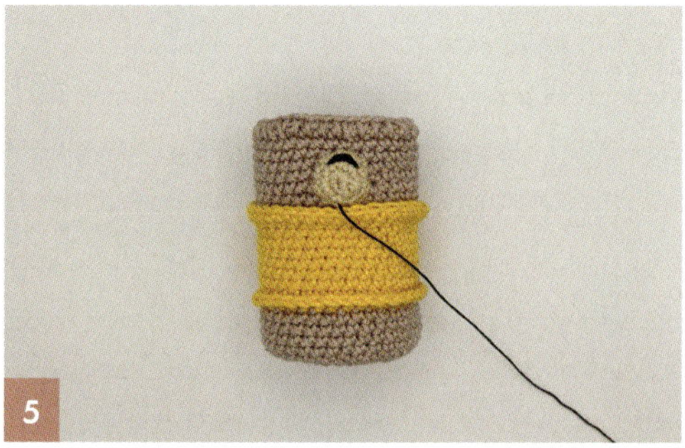
5

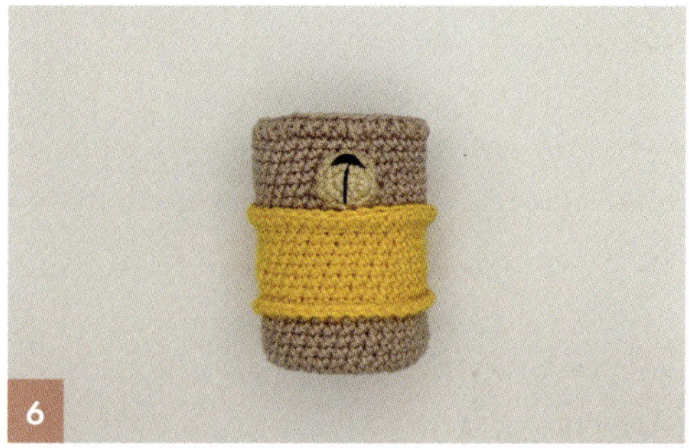
6

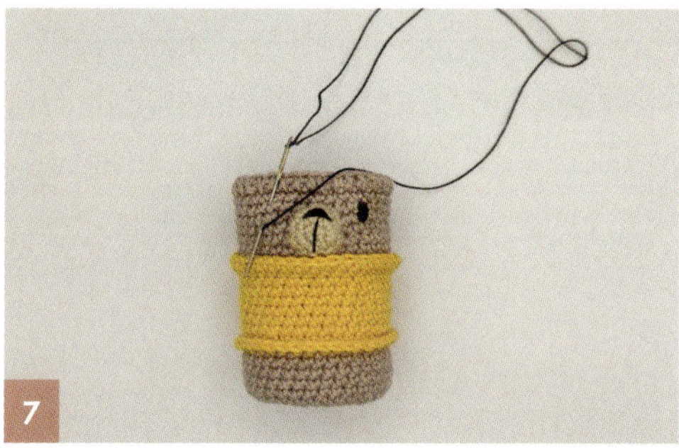
7

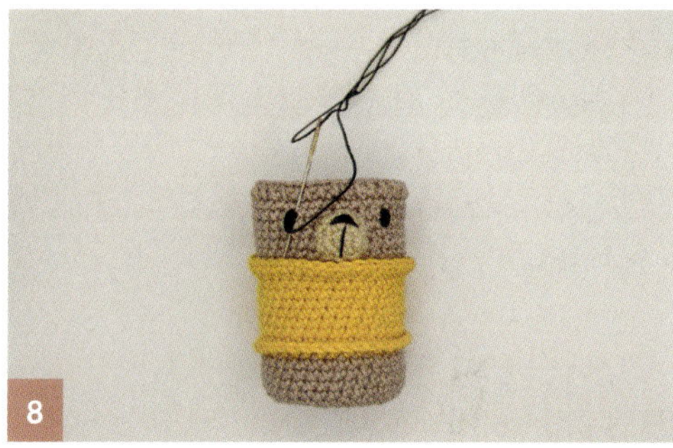
8

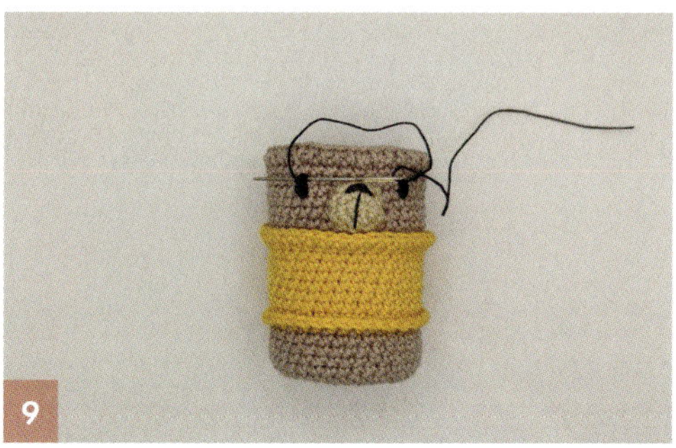
9

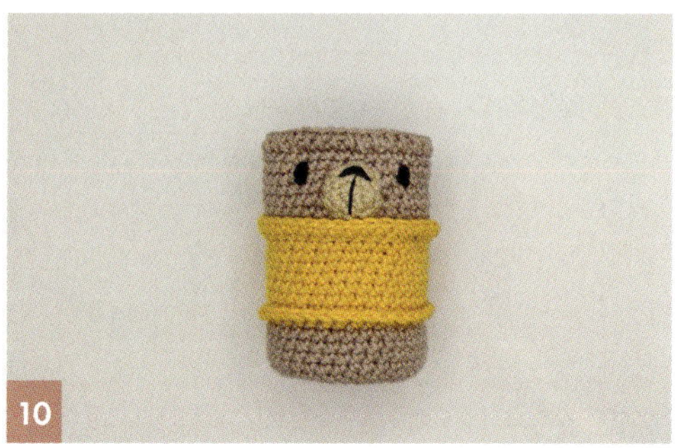
10

Stiftschutz

Konrad Koala

Schwierigkeit ◉◉○

Größe 6 cm

Material

- Schachenmayr Catania (100 % Baumwolle, LL 125 m/50 g) in
  - Rauchgrau (Fb 435), 10 g
  - Zartbitter (Fb 415), ein Rest
  - Bast (Fb 257), ein Rest
  - Rosé Gold (Fb 433), ein Rest
- Filetgarn in Schwarz und Weiß
- 2 Sicherheitsaugen ø 7 mm
- Füllwatte
- Häkelnadel 2,5 mm
- Stopfnadel zum Vernähen
- Maschenmarkierer
- Stecknadeln
- Bleistift
- Schere

KOPF (in Rauchgrau)

Häkle in Spiral-Rd.

1. Rd: 6 fM in einen Fadenring häkeln. [6]

2. Rd: 6 x 1 M zun. [12]

3. Rd: *1 fM, 1 M zun*, von * bis * noch 5 x wdh. [18]

4. Rd: *2 fM, 1 M zun*, von * bis * noch 5 x wdh. [24]

5. Rd: *3 fM, 1 M zun*, von * bis * noch 5 x wdh. [30]

6.–13. Rd: 30 fM häkeln.

14. Rd: *3 fM, 1 M abn*, von * bis * noch 5 x wdh. [24]

15. Rd: *2 fM, 1 M abn*, von * bis * noch 5 x wdh. [18]

Die Augen zwischen Rd 11 und 12 mit 6 fM Abstand befestigen.

Den Kopf bis zu Rd 15 mit Füllwatte ausstopfen. Ab der nächsten Rd nicht mehr nachstopfen.

16. Rd: *1 fM, 1 M abn*, von * bis * noch 5 x wdh. [12]

17. Rd: *4 fM, 1 M abn*, von * bis * noch 1 x wdh. [10]

18. Rd: 10 fM ihM häkeln.

19.–20. Rd: 10 fM häkeln (Bild 1).

Den Faden abschneiden, durch die vorderen M-Glieder der letzten Rd fädeln, festziehen und vernähen. Stülpe die letzten 3 Rd nach innen, bis sie vollständig im Kopf liegen (Bild 2–4). Mit dem Ende deines Bleistiftes noch etwas nachdrücken.

OHREN (2 x in Bast und Rauchgrau)

Häkle in Spiral-Rd. Beginne in Bast.

1. Rd: 6 fM in einen Fadenring häkeln. [6]

2. Rd: 6 x 1 M zun. [12]

3. Rd: *1 fM, 1 M zun*, von * bis * noch 5 x wdh. [18]

Den Faden abschneiden und vernähen. Einen identischen zweiten Teil in Rauchgrau häkeln, jedoch den Faden nicht abschneiden. Lege beide Teile rücklings aufeinander, stich durch die gegenüberliegenden M (Bild 5) und arbeite wie folgt weiter:

4. Rd: *1 fM, 1 Lm*, von * bis * noch 17 x wdh. [18]

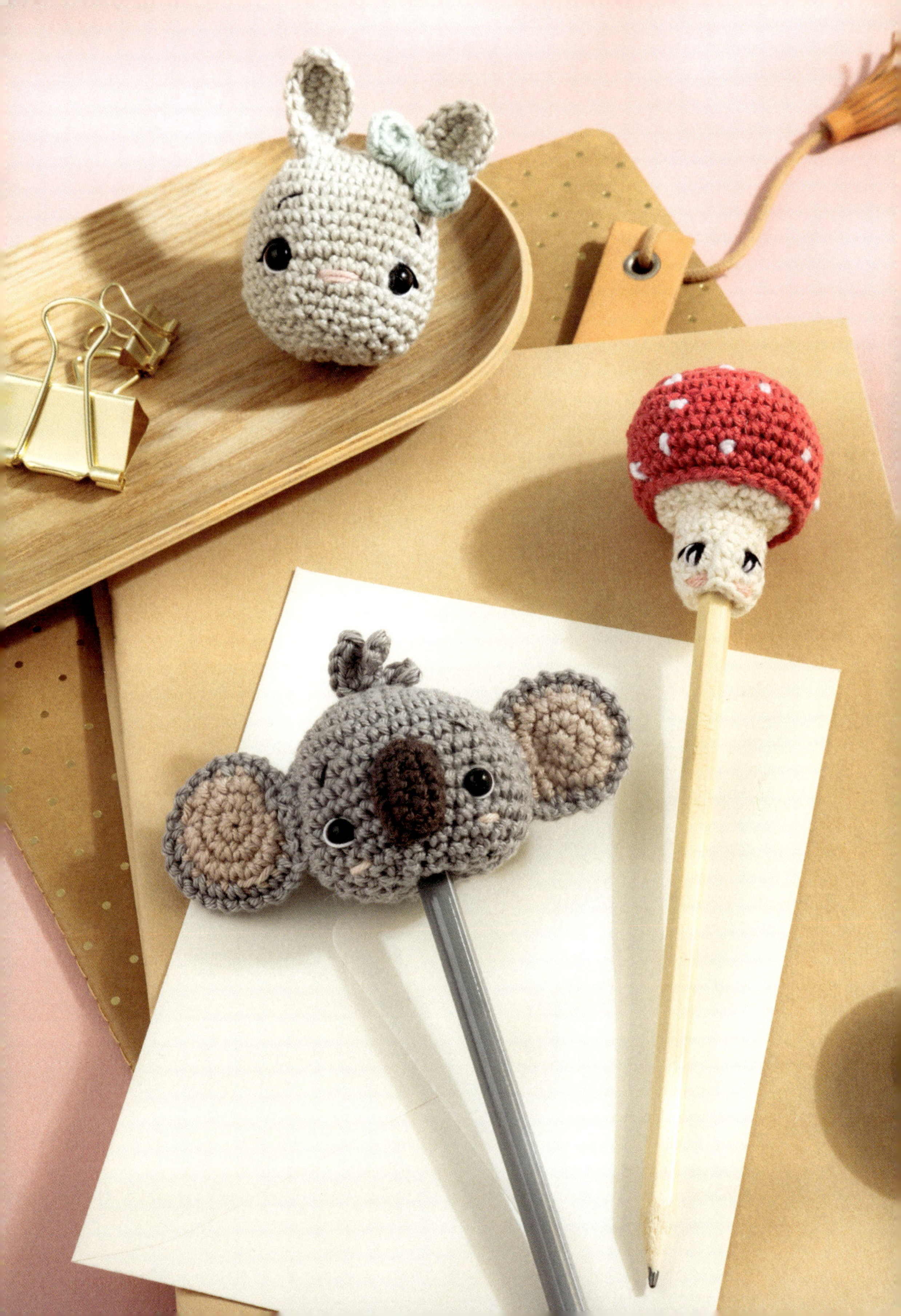

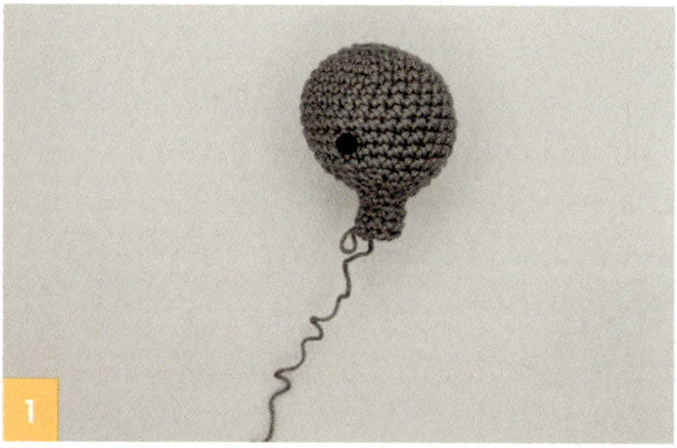
1

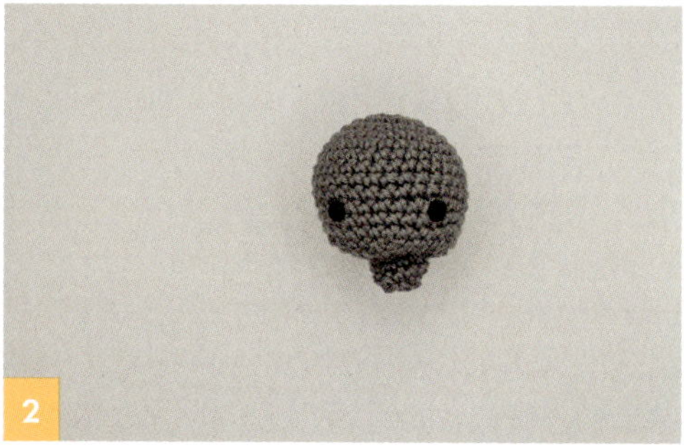
2

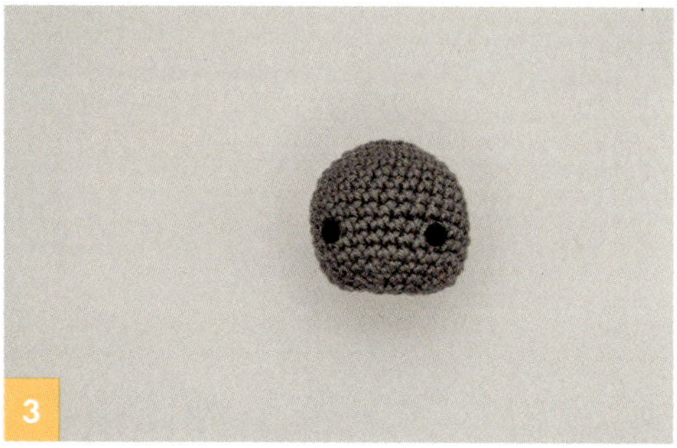
3

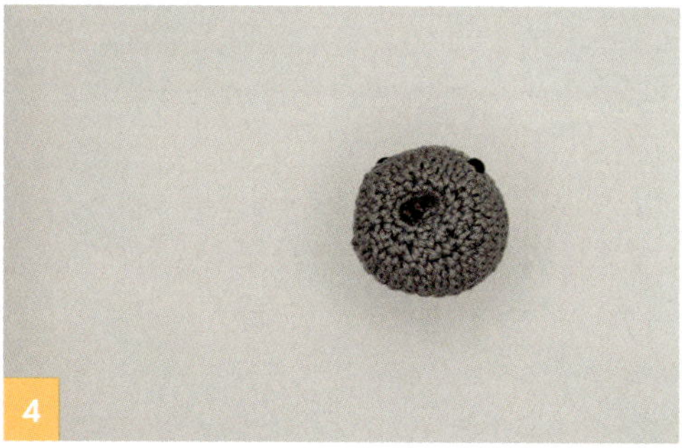
4

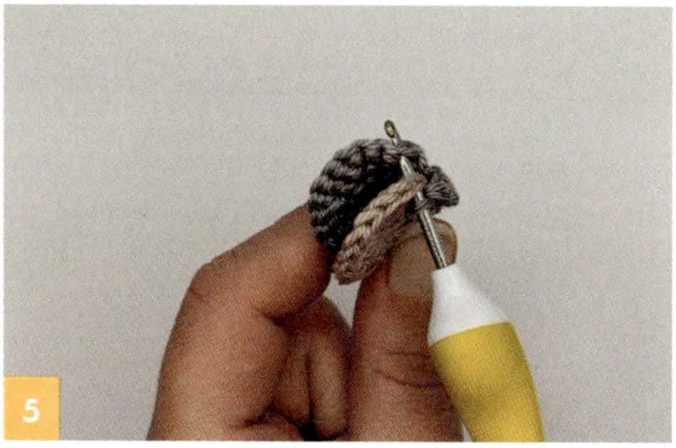
5

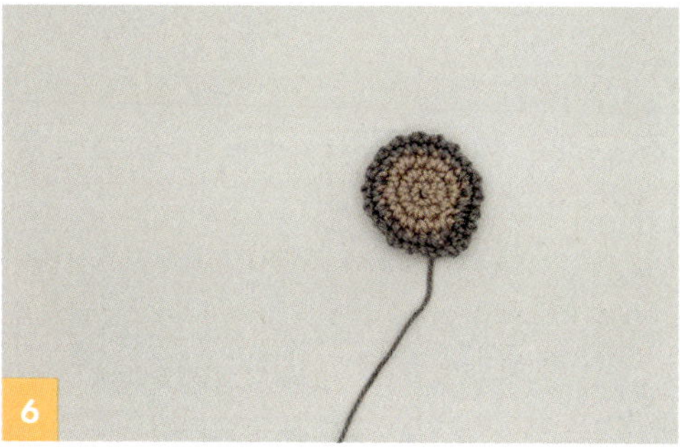
6

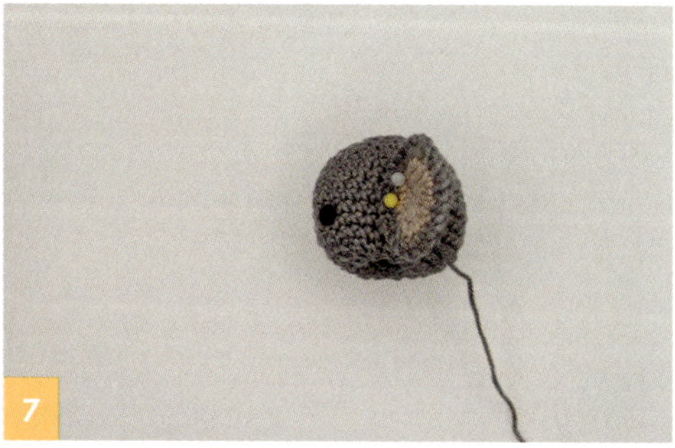
7

Den Faden lang abschneiden (Bild 6). Die Ohren anschließend über Rd 8–12 ca. 3 fM neben den Augen festnähen (Bild 7).

LOCKEN (in Rauchgrau)

Den Faden an Rd 1 des Kopfes aufnehmen und mit 1 Km fixieren. Das Gesicht zeigt dabei zu dir hin. Schlage 4 Lm an, stich in die 2. Lm von der Nd aus ein und häkle wie folgt entlang der Lm-Kette:

1. R: 1 M zun, 2 fM, 1 Km zurück in den Kopf. [5]

Nicht abketten. Erneut 4 Lm anschl und die R wdh. Häkle so insgesamt 3 Locken. Den Faden abschneiden und vernähen.

NASE (in Zartbitter)

Häkle in Spiral-Rd. Die Nase nur leicht mit Füllwatte ausstopfen.

Schlage 5 Lm an, stich in die 2. Lm von der Nd aus ein und häkle wie folgt um die Lm-Kette herum:

1. Rd: 3 fM, 3 fM in 1 M, weiter auf der anderen Seite der Lm-Kette, 2 fM, 1 M zun. [10]
2. Rd: *1 M zun, 4 fM*, von * bis * noch 1 x wdh. [12]

Den Faden lang abschneiden und damit die Nase über Rd 9–13 zwischen den Augen festnähen.

Gesicht fertigstellen

Sticke das Augenweiß mit weißem Filetgarn direkt neben den Augen auf. Die Augenbrauen mit schwarzem Filetgarn 2 Rd über den Augen über 1 Rd hoch und 1 fM breit sticken. Die Wangen in Rosé Gold 1 Rd unter den Augen über 2 fM breit sticken, dabei 2 x einstechen.

Holly Hase

Schwierigkeit

Größe 6 cm

Material

- Schachenmayr Catania (100 % Baumwolle, LL 125 m/50 g) in
  - Leinen (Fb 248), 10 g
  - Reseda (Fb 402), ein Rest
  - Altrosa (Fb 408), ein Rest
  - Filetgarn in Schwarz und Weiß
- 2 Sicherheitsaugen ⌀ 7 mm
- Füllwatte
- Häkelnadel 2,5 mm
- Stopfnadel zum Vernähen
- Maschenmarkierer
- Stecknadeln
- Bleistift
- Schere

KOPF (in Leinen)

Häkle in Spiral-Rd.

1. Rd: 6 fM in einen Fadenring häkeln. [6]

2. Rd: 6 x 1 M zun. [12]

3. Rd: *1 fM, 1 M zun*, von * bis * noch 5 x wdh. [18]

4. Rd: *2 fM, 1 M zun*, von * bis * noch 5 x wdh. [24]

5. Rd: *3 fM, 1 M zun*, von * bis * noch 5 x wdh. [30]

6.–13. Rd: 30 fM häkeln.

14. Rd: *3 fM, 1 M abn*, von * bis * noch 5 x wdh. [24]

15. Rd: *2 fM, 1 M abn*, von * bis * noch 5 x wdh. [18]

Die Augen zwischen Rd 11 und 12 mit 6 fM Abstand befestigen.

Den Kopf bis zu Rd 15 mit Füllwatte ausstopfen. Ab der nächsten Rd nicht mehr nachstopfen.

16. Rd: *1 fM, 1 M abn*, von * bis * noch 5 x wdh. [12]

17. Rd: *4 fM, 1 M abn*, von * bis * noch 1 x wdh. [10]

18. Rd: 10 fM ihM häkeln.

19.–20. Rd: 10 fM häkeln.

Den Faden abschneiden, durch die vorderen M-Glieder der letzten Rd fädeln, festziehen und vernähen. Stülpe die letzten 3 Rd nach innen, bis sie vollständig im Kopf liegen. Mit dem Ende deines Bleistiftes noch etwas nachdrücken.

Hinweis: Eine bebilderte Anleitung dazu findest du in der Anleitung des Stiftschutzes Koala auf Seite 40.

Gesicht fertigstellen

Die Nase in Altrosa zwischen Rd 12 und 13 des Kopfes über 2 fM breit sticken, dabei 3 x einstechen (Bild 1–2). Das Augenweiß mit weißem Filetgarn direkt neben die Augen sticken. Die Augenlider mit schwarzem Filetgarn direkt über den Augen aufsticken, dabei 2 x einstechen. Die Augenbrauen mit schwarzem Filetgarn 2 Rd über die Augen über 1 Rd hoch und 2 fM breit sticken (Bild 3–5).

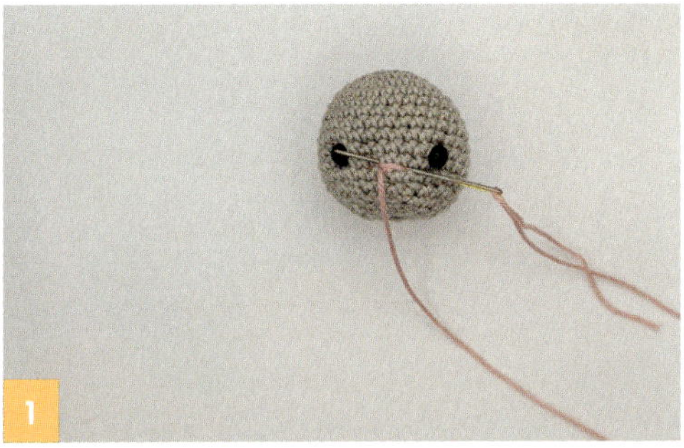
1

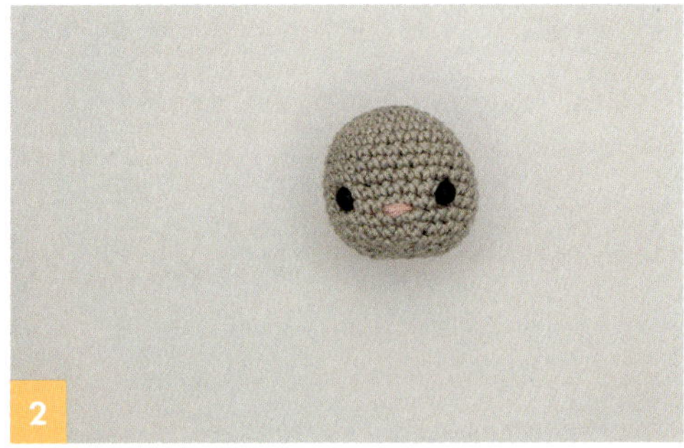
2

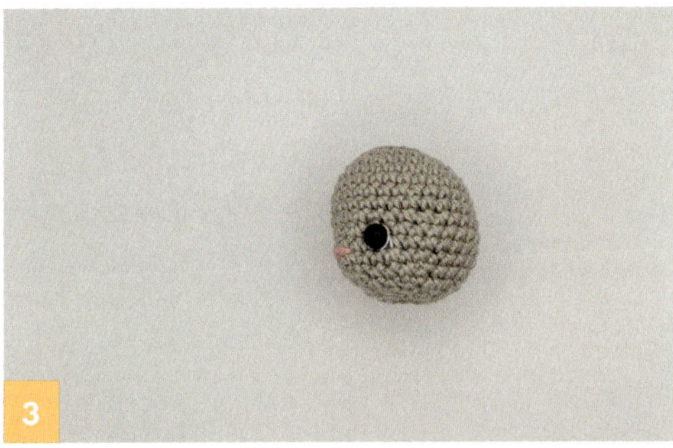
3

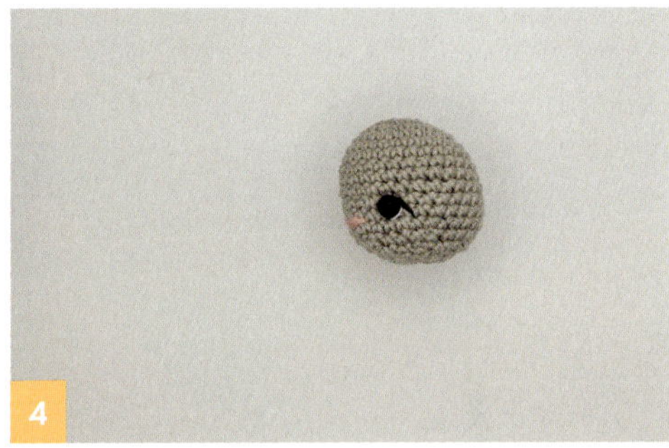
4

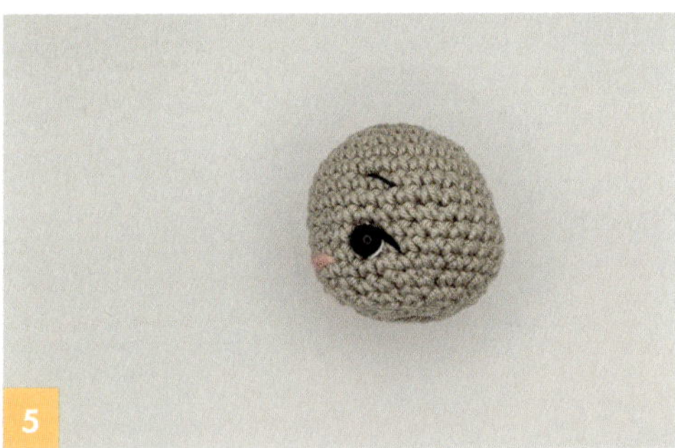
5

OHREN (2 x in Leinen)

Häkle in Spiral-Rd. Schlage 7 Lm an, stich in die 2. Lm von der Nd aus ein und häkle wie folgt um die Lm-Kette herum:

1. Rd: 5 fM, 3 fM in 1 M, weiter auf der anderen Seite der Lm-Kette, 4 fM, 1 M zun. [14]

2. Rd: 6 fM, 2 x 1 M zun, 6 fM. [16]

Das Ende falten und durch die gegenüberliegenden M der 2. Rd stechen und die ersten beiden M mit je 1 fM zusammenhäkeln. Den Faden lang abschneiden und damit die Ohren über Rd 3 des Kopfes festnähen (Bild 6–7).

SCHLEIFE (in Reseda)

Häkle in Spiral-Rd. Schlage 7 Lm an, stich in die 3. Lm von der Nd aus ein und häkle wie folgt um die Lm-Kette herum:

1. Rd: 3 hStb in 1 M, 1 hStb zun, 1 Km, 1 hStb zun, 3 hStb in 1 M, weiter auf der anderen Seite der Lm-Kette, 3 hStb in 1 M, 1 hStb zun, 1 Km, 1 hStb zun, 3 hStb in 1 M. [22]

Den Faden lang abschneiden, diesen zur Mitte der Schleife fädeln und mehrmals um die Mitte wickeln. Mit ein paar Stichen fixieren (Bild 8–9). Die Schleife unter dem rechten Ohr festnähen.

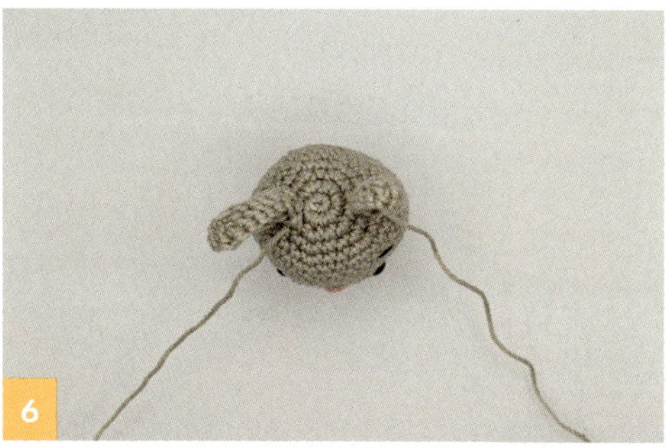
6

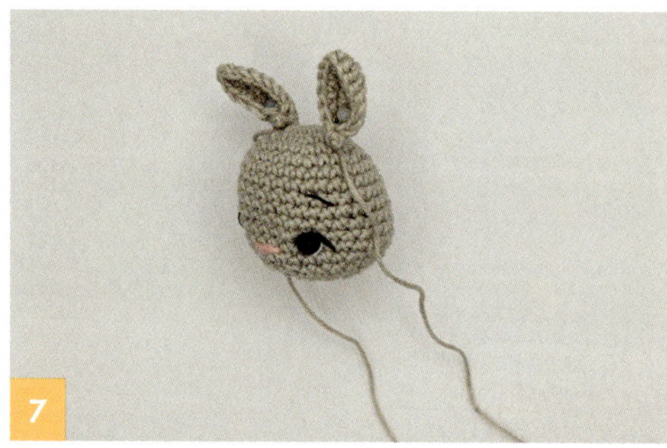
7

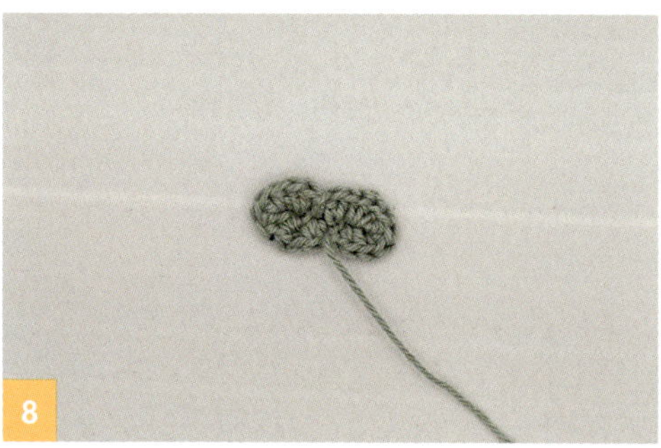
8

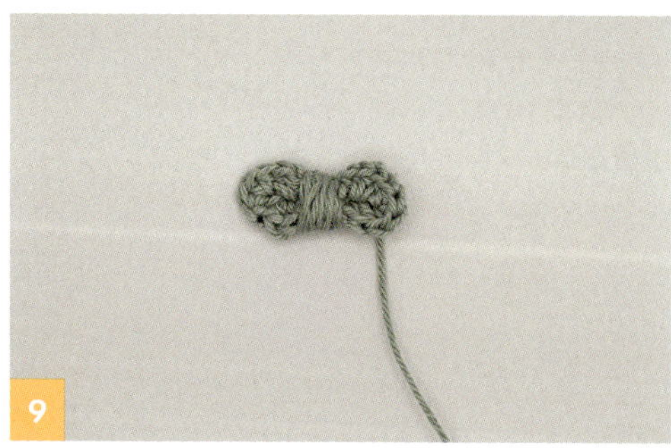
9

Ferdi Fliegenpilz

Schwierigkeit
Größe 6 cm

Material

- Schachenmayr Catania (100 % Baumwolle, LL 125 m/50 g) in
  - Crème (Fb 130), 8 g
  - Erdbeere (Fb 258), 8 g
  - Altrosa (Fb 408), ein Rest
- Filetgarn in Schwarz und Weiß
- Füllwatte
- Häkelnadel 2,5 mm
- Stopfnadel zum Vernähen
- Maschenmarkierer
- Stecknadeln
- Bleistift
- Schere

HUT UND KÖRPER (in Erdbeere und Crème)

Häkle in Spiral-Rd. Beginne in Erdbeere.

1. Rd: 6 fM in einen Fadenring häkeln. [6]

2. Rd: 6 x 1 M zun. [12]

3. Rd: *1 fM, 1 M zun*, von * bis * noch 5 x wdh. [18]

4. Rd: *2 fM, 1 M zun*, von * bis * noch 5 x wdh. [24]

5. Rd: *3 fM, 1 M zun*, von * bis * noch 5 x wdh. [30]

6.–11. Rd: 30 fM häkeln.

Fb-Wechsel zu Crème.

12. Rd: alles ihM, *3 fM, 1 M abn *, von * bis * noch 5 x wdh. [24]

13. Rd: *2 fM, 1 M abn*, von * bis * noch 5 x wdh. [18]

14. Rd: *1 fM, 1 M abn*, von * bis * noch 5 x wdh. [12]

Den Hut mit Füllwatte ausstopfen. Den Bereich unter dem Hut (in Crème) dabei nur locker stopfen, sodass dieser am Ende flach bleibt und sich nicht nach außen wölbt (Bild 1).

15.–19. Rd: 12 fM häkeln (= Stiel).

Nicht abketten. Nimm den Faden später hier wieder auf. Der Stiel wird nicht gefüllt. Hier wird später der Stift eingesteckt. Schneide den Faden lang genug ab, dass du später noch eine Rd damit behäkeln kannst (Bild 2).

INNENTASCHE DES STIELS (in Crème)

Häkle in Spiral-Rd. Die Innentasche nicht mit Füllwatte ausstopfen.

1. Rd: 8 fM in einen Fadenring häkeln. [8]

2. Rd: 8 fM ihM häkeln.

3.–5. Rd: 8 fM häkeln.

6. Rd: *1 fM, 1 M zun*, von * bis * noch 3 x wdh. [12]

Den Faden abschneiden und vernähen. Die Tasche über die Rückseite eines Bleistiftes stülpen und diese damit vollständig in den Stiel schieben. Die letzte Rd der Tasche muss direkt an der letzten Rd des Stiels liegen (Bild 3–4). Nimm nun den Faden am Ende des Stiels wieder auf. Stich durch die gegenüberliegenden M der letzten Rd beider Häkelstücke und häkle sie so mit 12 fM zusammen. (Bild 5). Den Faden abschneiden und vernähen.

HUT FERTIGSTELLEN (in Erdbeere)

Häkle in Spiral-Rd. Schlinge den Faden in den vorderen M-Gliedern aus Rd 12 des Huts erneut an. Stich dabei von unten ein (Bild 6) und häkle 30 Km rundherum. Den Faden abschneiden und vernähen.

Details

Für die Punkte mit weißem Filetgarn Knötchenstiche auf den Hut sticken. Die Augen mit schwarzem Filetgarn 1 Rd über dem Rand des Stiels über 1 fM hoch und mit 3 fM Abstand zwischen den Augen aufsticken, dabei 8 x einstechen. Das Augenweiß und den Lichtreflex mit weißem Filetgarn jeweils neben und mittig in den Augen anbringen. Die Wimpern mit schwarzem Filetgarn direkt über die Augen sticken. Anschließend die Wangen in Altrosa über 1 fM breit unter den Augen aufsticken, dabei 2 x einstechen.

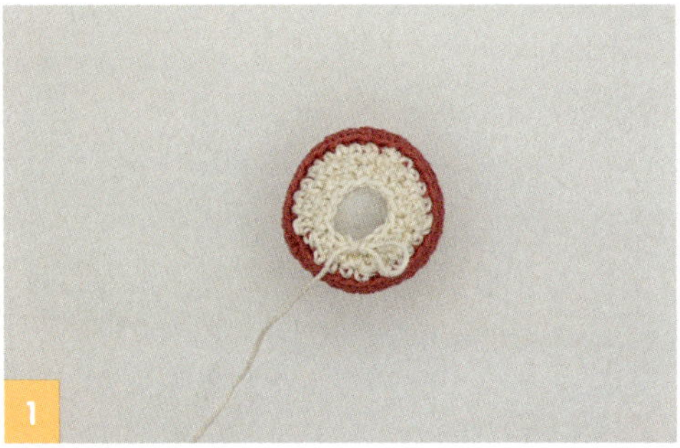

1

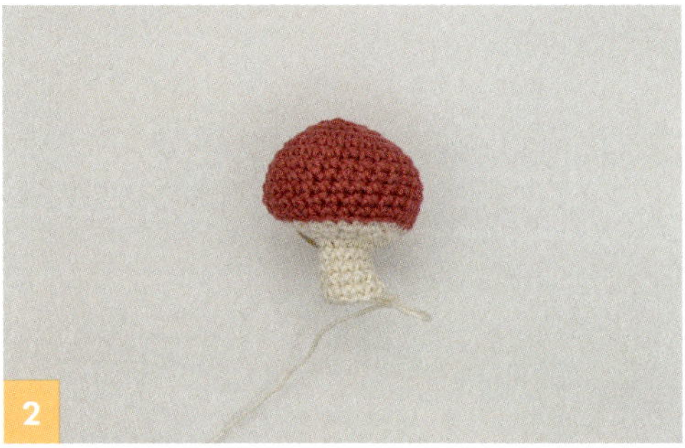

2

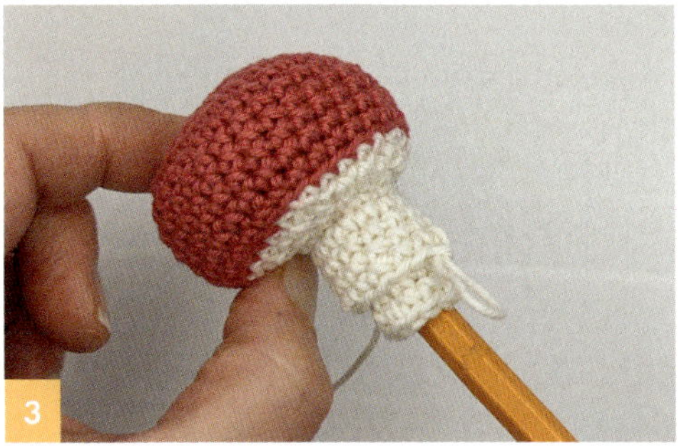

3

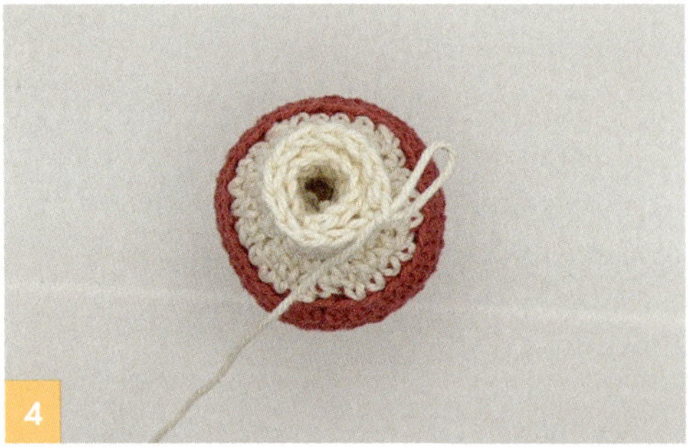

4

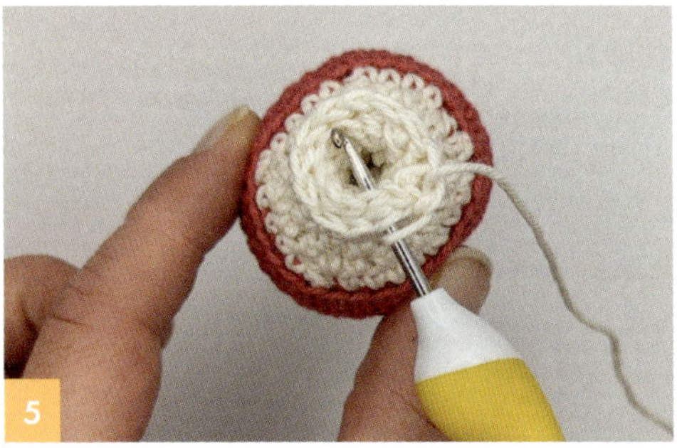

5

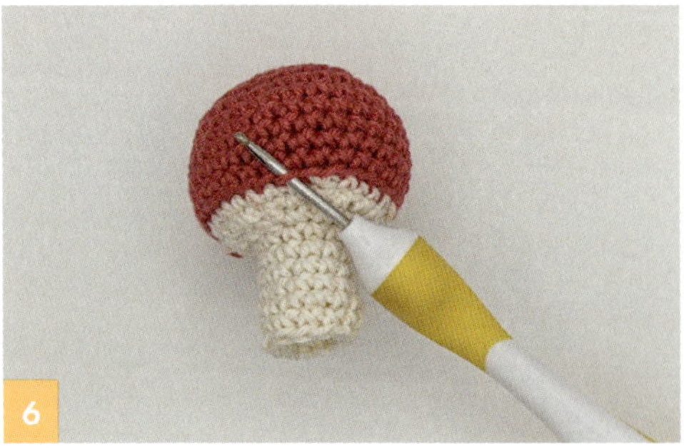

6

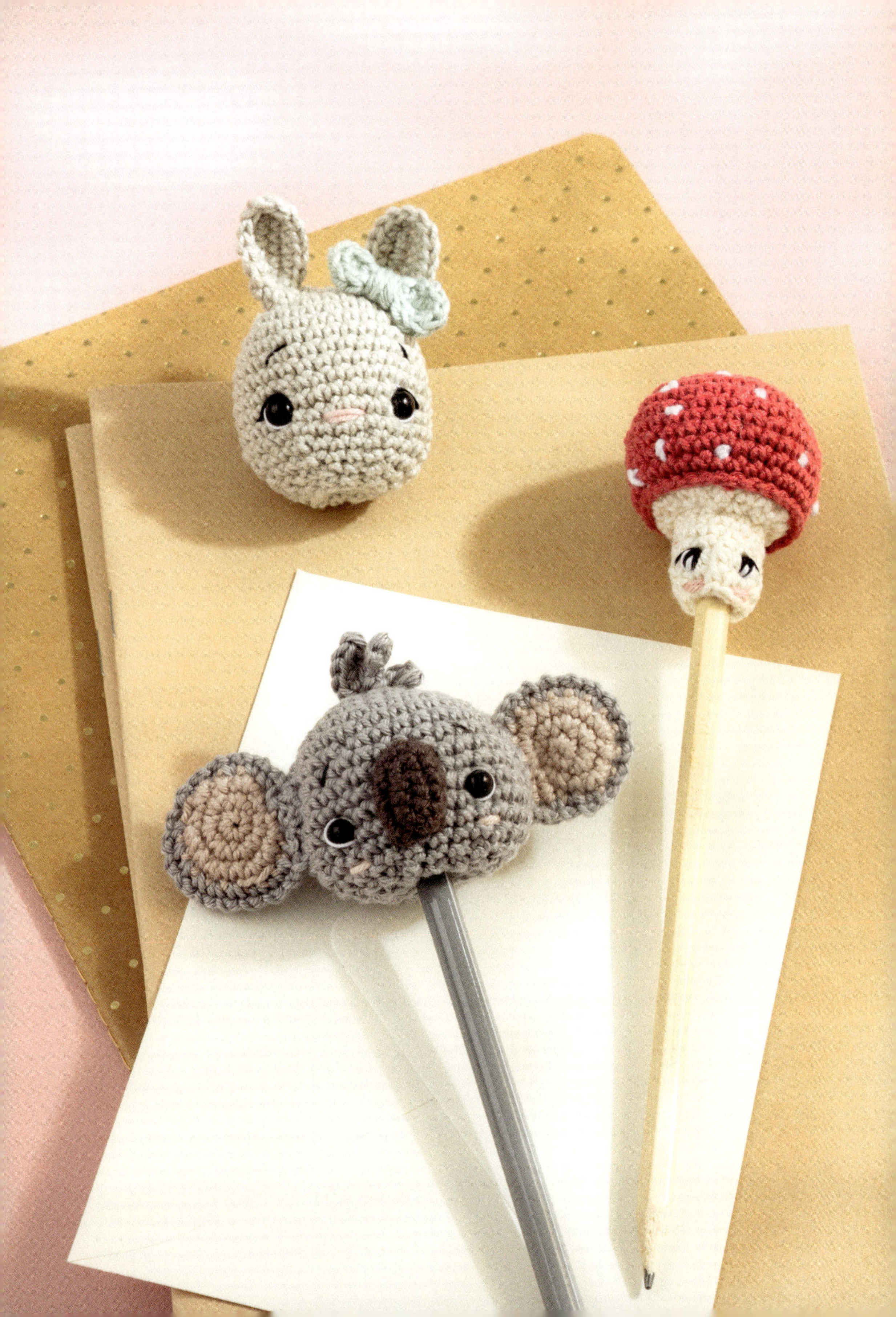

Lesezeichen

Schnecke Saskia

Schwierigkeit ●●○

Größe 8 cm

Material

- Schachenmayr Catania (100 % Baumwolle, LL 125 m/50 g) in
  - Altrosa (Fb 408), 10 g
  - Reseda (Fb 402), 10 g
  - Stein (Fb 242), ein Rest
- 2 Tieraugen Halbperlen ø 6 mm
- Filetgarn in Schwarz und Weiß
- 1 Büroklammer
- Füllwatte
- Häkelnadel 2,5 mm
- Schmuckkleber
- Stopfnadel zum Vernähen
- Maschenmarkierer
- Stecknadeln
- Schere

KOPF UND KÖRPER (in Altrosa, Reseda und Stein)

Häkle in Spiral-Rd. Beginne in Altrosa.

1. Rd: 6 fM in einen Fadenring häkeln. [6]

2. Rd: 6 x 1 M zun. [12]

3. Rd: *1 fM, 1 M zun*, von * bis * noch 5 x wdh. [18]

4.–7. Rd: 18 fM häkeln.

8. Rd: *1 fM, 1 M abn*, von * bis * noch 5 x wdh. [12]

Den Kopf mit Fülllwatte ausstopfen.

9. Rd: 6 x 1 M abn. [6]

10. Rd: *2 fM, 1 M zun*, von * bis * noch 1 x wdh. [8]

11.–14. Rd: 8 fM häkeln.

Kopf und Hals bis Rd 14 mit Füllwatte ausstopfen. Ab der nächsten Rd nicht mehr nachstopfen.

Fb-Wechsel zu Reseda.

15.–24. Rd: 8 fM häkeln.

Fb-Wechsel zu Stein.

25.–28. Rd: 8 fM häkeln.

Fb-Wechsel zu Reseda.

29.–36. Rd: 8 fM häkeln.

Fb-Wechsel zu Stein.

37.–39. Rd: 8 fM häkeln.

Fb-Wechsel zu Reseda.

40.–44. Rd: 8 fM häkeln.

Das Ende falten, durch die gegenüberliegenden M der 44. Rd stechen und diese mit 4 fM zusammenhäkeln. Den Faden lang abschneiden. Den ungefüllten Teil des Körpers zu einem Schneckenhaus eng zusammenrollen und mit ein paar Stichen fixieren. Das Schneckenhaus anschließend am Hals festnähen (Bild 1).

FÜHLER (2 x in Stein)

Den Faden in Rd 2 des Kopfes aufnehmen. Stich dazu von unten ein. Das Schneckenhaus zeigt dabei von dir weg. Schlage 5 Lm an, stich in die 2. Lm von der Nd aus ein und häkle 5 fM in 1 M sowie 3 Km entlang der Lm-Kette. Den Faden abschneiden und vernähen (Bild 2–3). Für den zweiten Fühler wdh.

Büroklammer befestigen

Biege das obere Ende der Klammer spitz zu-

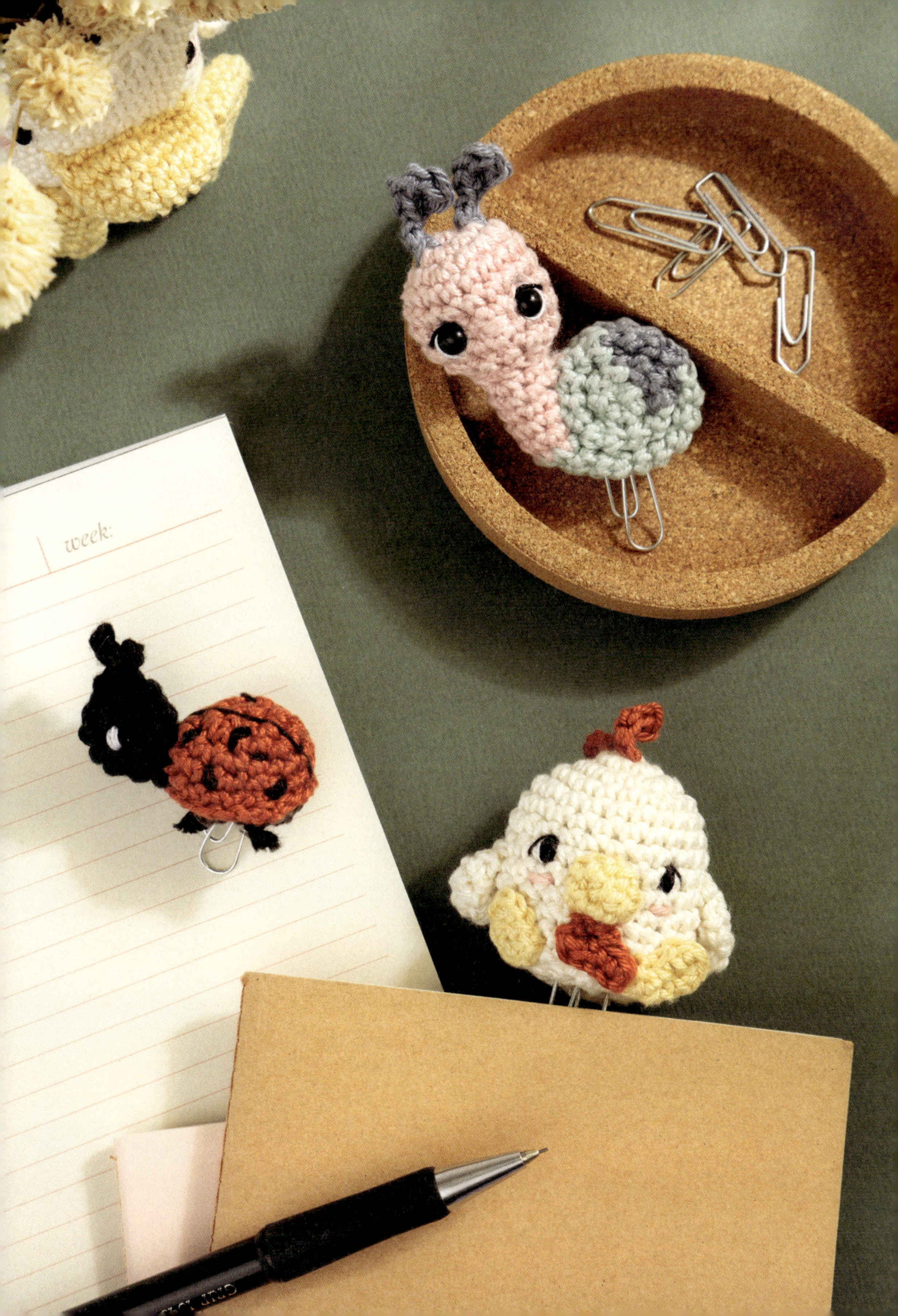
week:

sammen (Bild 4). Gib einen Klecks Kleber auf die Spitze und schiebe diese mittig von unten in den Körper. Drücke die Klammer in das Amigurumi, bis die Spitzen links und rechts der Klammer im Körper sind (Bild 5). Falls nötig, kannst du die Klammer nach dem Trocknen des Klebers noch etwas nachbiegen.

Gesicht fertigstellen

Die Nase in Altrosa zwischen den Augen über 1 fM breit aufsticken, dabei 3 x einstechen. Klebe nun die Halbperlen auf Rd 6 des Kopfes. Der Abstand zwischen den Augen beträgt dabei 4 fM. Sobald die Augen getrocknet sind, vorsichtig das Augenweiß neben die Augen mit weißem Filetgarn sticken. Mit schwarzem Filetgarn die Augenlider direkt über den Augen anbringen.

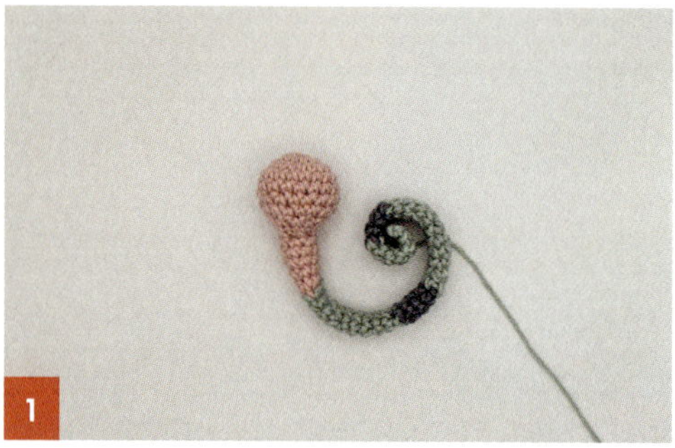

1

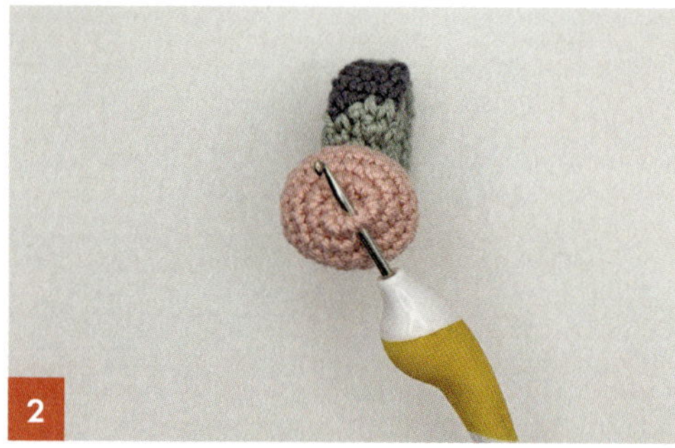

2

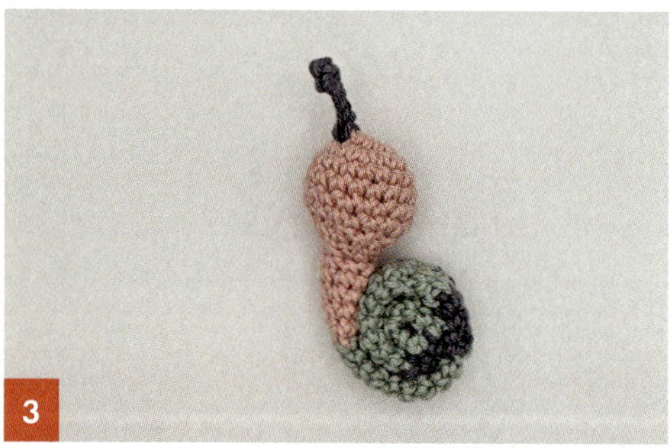

3

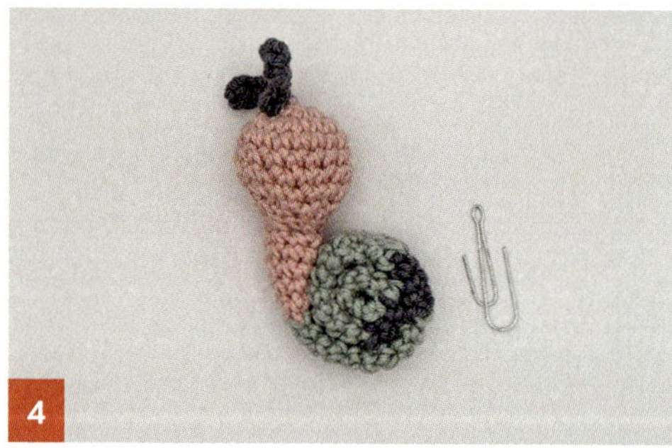

4

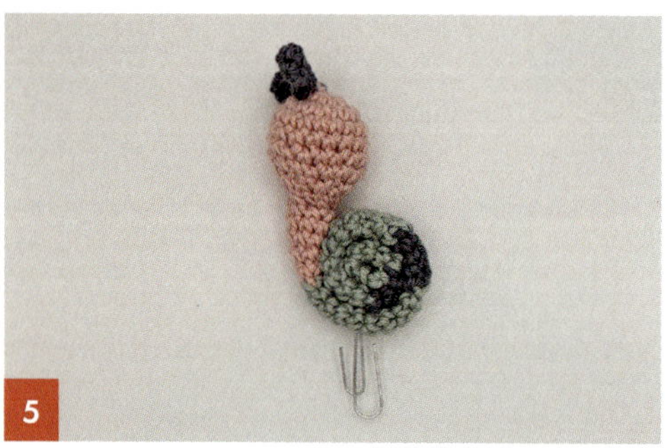

5

Maja Marienkäfer

Schwierigkeit ●●○

Größe 4 cm

Material

- Schachenmayr Catania (100 % Baumwolle, LL 125 m/50 g) in
  - Terracotta (Fb 388), 8 g
  - Schwarz (Fb 110), 8 g
  - Zartbitter (Fb 415), 5 g
- Filetgarn in Schwarz und Weiß
- Füllwatte
- 1 Büroklammer
- Häkelnadel 2,5 mm
- Schmuckkleber
- Stopfnadel zum Vernähen
- Maschenmarkierer
- Stecknadeln
- Schere

KÖRPER (in Terracotta und Zartbitter)

Häkle in Spiral-Rd. Beginne in Terracotta.

1. Rd: 6 fM in einen Fadenring häkeln. [6]

2. Rd: 6 x 1 M zun. [12]

3. Rd: *1 fM, 1 M zun*, von * bis * noch 5 x wdh. [18]

4. Rd: *8 fM, 1 M zun*, von * bis * noch 1 x wdh. [20]

5. Rd: 20 fM häkeln.

Fb-Wechsel zu Zartbitter.

6. Rd: alles ihM, *8 fM, 1 M abn*, von * bis * noch 1 x wdh. [18]

7. Rd: *1 fM, 1 M abn*, von * bis * noch 5 x wdh. [12]

Den Körper mit Füllwatte ausstopfen. Am unteren Bereich in Zartbitter dabei nicht zu fest stopfen, damit der Bauch später noch flach anliegt.

8. Rd: 6 x 1 M abn. [6]

Den Faden abschneiden, durch die vorderen M-Glieder der letzten Rd fädeln, festziehen und den Faden vernähen. Schlinge anschließend in Terracotta im vorderen M-Glied aus Rd 6 des Körpers erneut an. Stich dabei von unten ein und häkle 20 Km rundherum. Den Faden abschneiden und vernähen.

KOPF (in Schwarz)

Häkle in Spiral-Rd. Den Kopf fortlaufend mit Füllwatte ausstopfen.

1. Rd: 6 fM in einen Fadenring häkeln. [6]

2. Rd: 6 x 1 M zun. [12]

3.–4. Rd: 12 fM häkeln.

5. Rd: 6 x 1 M abn. [6]

Den Faden lang abschneiden und den Kopf am Körper festnähen.

FÜHLER (2 x in Schwarz)

Schlinge den Faden an Rd 3 des Kopfes an, fixiere ihn mit 1 Km und schlage 4 Lm an. Stich in die 2. Lm von der Nd aus ein und häkle 3 Km entlang der Lm-Kette. Mit 1 Km zurück in den Kopf beenden. Den Faden abschneiden und vernähen. Für den zweiten Fühler wdh (Bild 1–2).

BEINE (4 x in Schwarz)

Schneide insgesamt vier Fäden mit ca. 8 cm Länge ab. Stich die Nd an der Unterseite des Körpers ein, ziehe die Schlaufe eines Fadens durch die M (Bild 3). Knüpfe diesen an den Körper, indem du den Faden mit einem Knoten sicherst. Wdh das Ganze noch dreimal für die restlichen Beine. Alle Beine auf die gleiche Länge abschneiden.

Details

Die Augen mit weißem Filetgarn über Rd 3 des Kopfes mit 2 M Abstand zu den Fühlern aufsticken, dabei 5 x einstechen. Den Teilstrich für die Flügel mit schwarzem Filetgarn senkrecht über den Körper sticken. Für die Punkte mit schwarzem Filetgarn Knötchenstiche anbringen.

Büroklammer befestigen

Biege das obere Ende der Klammer spitz zusammen. Gib einen Klecks Kleber auf die Spitze und schiebe diese mittig von unten in den Körper. Drücke die Klammer in das Amigurumi, bis die Spitzen links und rechts der Klammer im Körper sind. Falls nötig, kannst du die Klammer nach dem Trocknen des Klebers noch etwas nachbiegen.

Hinweis: Eine bebilderte Anleitung zum Befestigen der Büroklammer findest du in der Anleitung des Lesezeichens Schnecke auf Seite 50.

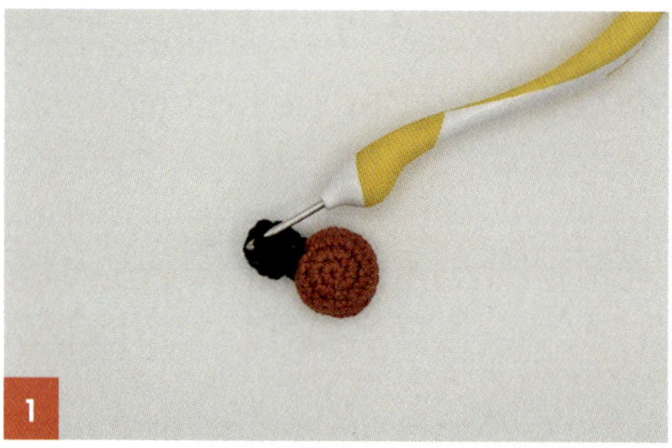
1

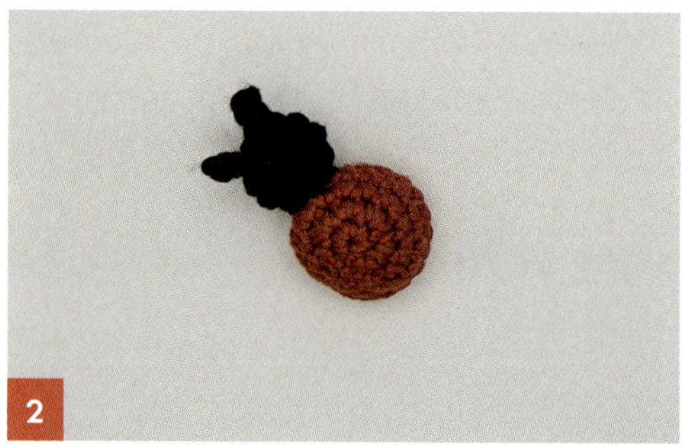
2

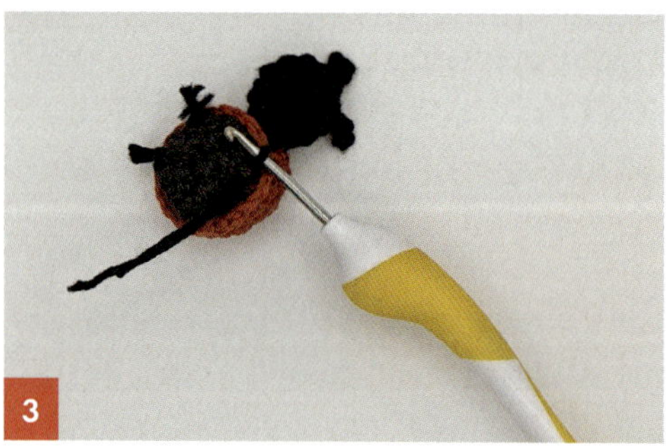
3

Hektor Hahn

Schwierigkeit

Größe 6 cm

Material

- Schachenmayr Catania (100 % Baumwolle, LL 125 m/50 g) in
  - Crème (Fb 130), 10 g
  - Honig (Fb 206), ein Rest
  - Terracotta (Fb 388), ein Rest
  - Altrosa (Fb 408), ein Rest
- Filetgarn in Schwarz und Weiß
- Füllwatte
- 1 Büroklammer
- Häkelnadel 2,5 mm
- Schmuckkleber
- Stopfnadel zum Vernähen
- Maschenmarkierer
- Stecknadeln
- Schere

KÖRPER (in Crème)

Häkle in Spiral-Rd. Den Körper fortlaufend mit Füllwatte ausstopfen.

1. Rd: 7 fM in einen Fadenring häkeln. [7]

2. Rd: 7 x 1 M zun. [14]

3. Rd: *1 fM, 1 M zun*, von * bis * noch 6 x wdh. [21]

4.–13. Rd: 21 fM häkeln.

14. Rd: *1 fM, 1 M abn*, von * bis * noch 6 x wdh. [14]

15. Rd: 7 x 1 M abn. [7]

Den Faden abschneiden, durch die vorderen M-Glieder der letzten Rd fädeln, festziehen und den Faden vernähen.

SCHNABEL (in Honig)

Häkle in Spiral-Rd. Den Schnabel nicht mit Füllwatte ausstopfen.

Schlage 4 Lm an, stich in die 2. Lm von der Nd aus ein und häkle wie folgt um die Lm-Kette herum:

1. Rd: 2 fM, 3 fM in 1 M, weiter auf der anderen Seite der Lm-Kette, 1 fM, 1 M zun. [8]

2. Rd: *2 fM, 1 M abn*, von * bis * noch 1 x wdh. [6]

Den Faden abschneiden, durch die vorderen M-Glieder der letzten Rd fädeln, festziehen und den Schnabel über Rd 8–10 am Körper festnähen.

KEHLLAPPEN (in Terracotta)

Häkle in R. Schlage 3 Lm an, stich in die 2. Lm von der Nd aus ein und *häkle 2 x 1 M zun entlang der Lm-Kette*. Ohne abzuketten, 3 Lm anschlagen und von * bis * für die zweite Hälfte des Kehllappens wdh. Mit 1 Km in die 1. Lm beenden. Den Faden lang abschneiden und den Kehllappen direkt unter dem Schnabel festnähen.

KAMM (in Terracotta)

Häkle in R. Stich mit der Nd in Rd 2 des Kopfs ein. Der Schnabel zeigt dabei von dir weg (Bild 1). Fixiere den Faden mit 1 Km und schlage 3 Lm an. Stich in die 2. Lm von der Nd aus ein und *häkle 2 x 1 M zun entlang der Lm-Kette und anschließend 1 Km zurück in den Kopf* (Bild 2). Ohne abzuketten, 3 Lm anschlagen und von * bis * noch 1 x wdh. Mit 1 Km zurück in den Kopf beenden. Den Faden abschneiden und vernähen (Bild 3).

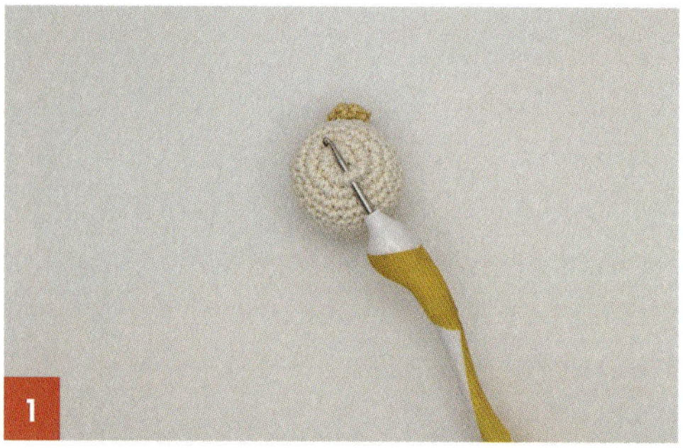
1
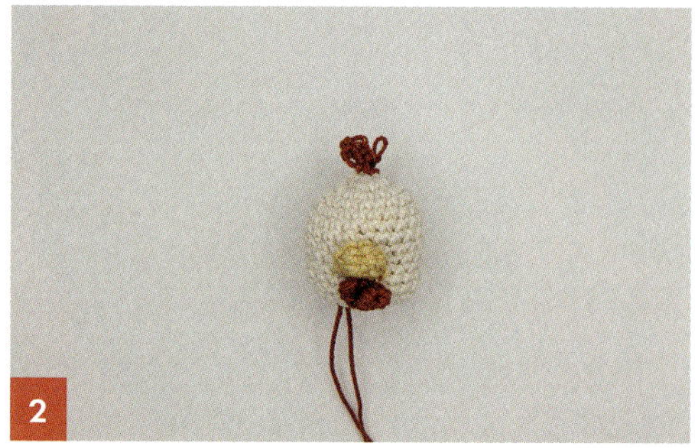
2
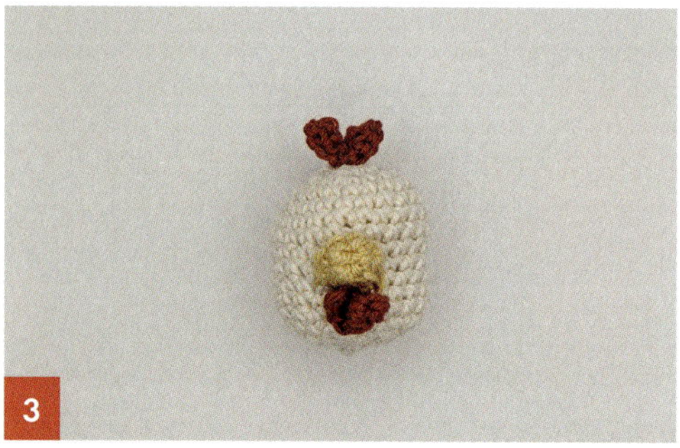
3
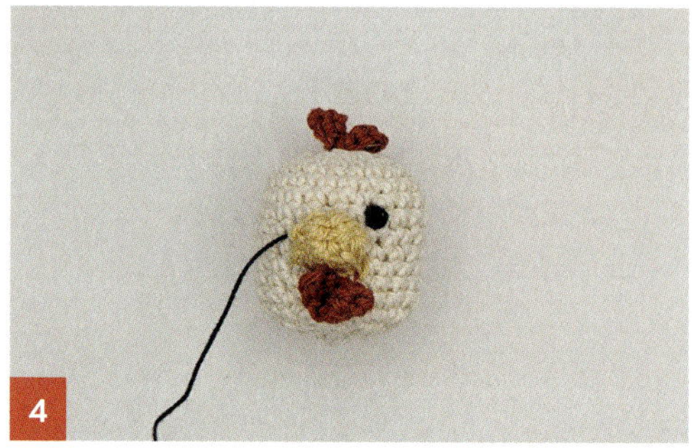
4
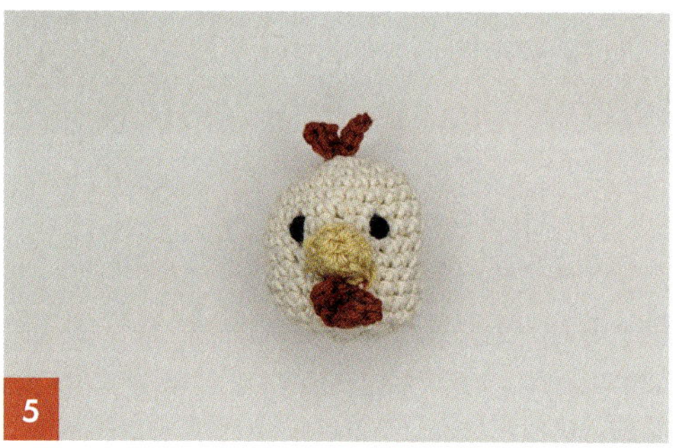
5
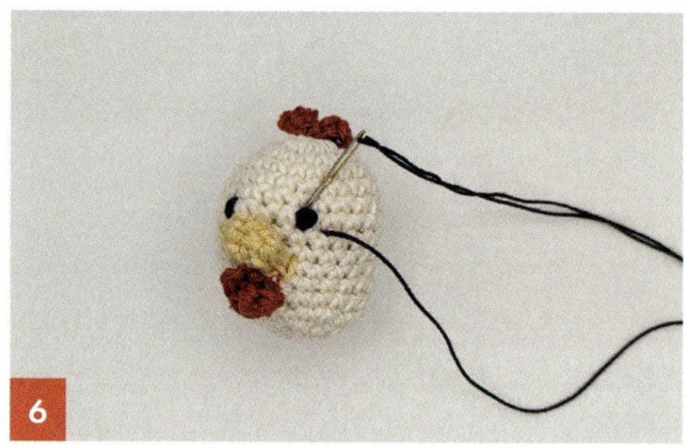
6
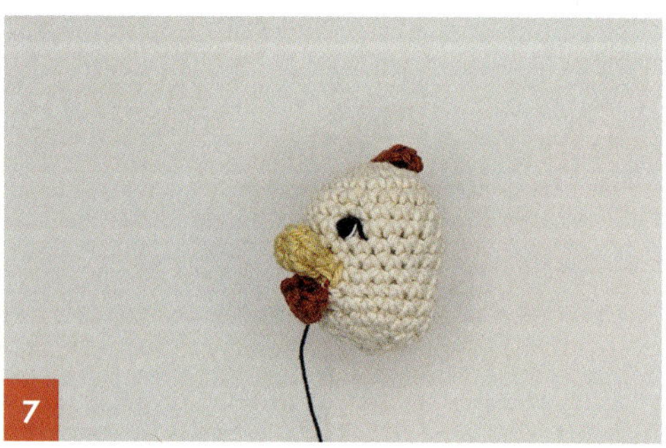
7
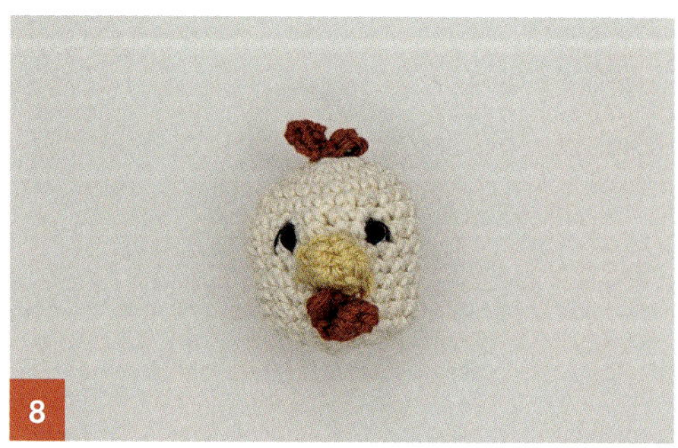
8

Gesicht fertigstellen

Die Augen mit schwarzem Filetgarn 1 M neben dem Schnabel über 1 fM hoch sticken, ca. 8 x einstechen (Bild 4–5). Das Augenweiß mit weißem Filetgarn direkt neben das Auge und das Augenlid mit schwarzem Filetgarn direkt über das Auge sticken (Bild 6–8). Die Wangen in Altrosa 1 Rd unter den Augen über 1 fM breit sticken, dazu 2 x einstechen.

FLÜGEL (2 x in Crème)

Häkle in Spiral-Rd. Die Flügel nicht mit Füllwatte ausstopfen. Schlage 4 Lm an, stich in die 2. Lm von der Nd aus ein und häkle wie folgt um die Lm-Kette herum:

1. Rd: 2 fM, 3 fM in 1 M, weiter auf der anderen Seite der Lm-Kette, 1 fM, 1 M zun. [8]

2. Rd: * 1 M zun, 3 fM*, von * bis * noch 1 x wdh. [10]

3. Rd: * 1 M abn, 3 fM*, von * bis * noch 1 x wdh. [8]

Das Ende falten, durch die gegenüberliegenden M der 3. Rd stechen und diese mit 4 fM zusammenhäkeln. Den Faden lang abschneiden und damit die Flügel 2 fM neben den Augen seitlich am Körper zwischen Rd 8 und 9 festnähen.

FÜSSE (2 x in Honig)

Häkle in Spiral-Rd. Die Füße nicht mit Füllwatte ausstopfen. Schlage 4 Lm an, stich in die 2. Lm von der Nd aus ein und häkle wie folgt um die Lm-Kette herum:

1. Rd: 3 fM in 1 M, 3 fM in 1 M, 1 fM, auf der anderen Seite der Lm-Kette, 1 M zun, 1 Km in die nächste M. [10]

Den Faden lang abschneiden und die Füße am Körper festnähen.

Büroklammer befestigen

Biege das obere Ende der Klammer spitz zusammen. Gib einen Klecks Kleber auf die Spitze und schiebe diese mittig von unten in den Körper. Drücke die Klammer in das Amigurumi, bis die Spitzen links und rechts der Klammer im Körper sind. Falls nötig, kannst du die Klammer nach dem Trocknen des Klebers noch etwas nachbiegen.

Hinweis: Eine bebilderte Anleitung zum Befestigen der Büroklammer findest du in der Anleitung des Lesezeichens Schnecke auf Seite 50.

Biene Bianca

Schwierigkeit ●●○

Größe 24 cm

Material

- Schachenmayr Catania (100 % Baumwolle, LL 125 m/50 g) in
  - Honig (Fb 206), 10 g
  - Crème (Fb 130), 5 g
  - Tannenbaum (Fb 419), 5 g
  - Sonne (Fb 208), ein Rest
  - Altrosa (Fb 408), ein Rest
  - Schwarz (Fb 110), ein Rest
- Filetgarn in Schwarz und Weiß
- 2 Sicherheitsaugen ⌀ 6 mm
- Füllwatte
- Häkelnadel 2,5 mm
- Stopfnadel zum Vernähen
- Maschenmarkierer
- Stecknadeln
- Schere

BIENE (in Honig und Schwarz)

Häkle in Spiral-Rd. Den Körper fortlaufend mit Füllwatte ausstopfen. Beginne in Honig.

1. Rd: 6 fM in einen Fadenring häkeln. [6]

2. Rd: 6 x 1 M zun. [12]

3. Rd: *1 fM, 1 M zun*, von * bis * noch 5 x wdh. [18]

4.–5. Rd: 18 fM häkeln.

Fb-Wechsel zu Schwarz.

6. Rd: 18 fM häkeln.

Fb-Wechsel zu Honig.

7.–9. Rd: 18 fM häkeln.

Befestige die Augen zwischen Rd 3 und 4 mit 6 fM Abstand (Bild 1).

Fb-Wechsel zu Schwarz.

10. Rd: 18 fM häkeln.

Fb-Wechsel zu Honig.

11.–12. Rd: 18 fM häkeln.

13. Rd: *1 fM, 1 M abn*, von * bis * noch 5 x wdh. [12]

14. Rd: 6 x 1 M abn. [6]

Den Faden abschneiden, durch die vorderen M-Glieder der letzten Rd fädeln, festziehen und vernähen.

FLÜGEL (2 x in Crème)

Nimm den Faden mittig zwischen Rd 8 und 9 des Körpers auf (Bild 2). Die Augen zeigen dabei zu dir hin. Schlage 4 Lm an, stich in die 3. Lm von der Nd aus ein und häkle wie folgt weiter:

1. R: 2 x 1 hStb zun entlang der Lm-Kette, 1 Km zurück in den Körper. [5]

Den Faden abschneiden und vernähen. Stich anschließend erneut zwischen Rd 8 und 9 des Körpers ein und wdh das Ganze für den zweiten Flügel noch 1 x (Bild 3–4).

Gesicht fertigstellen

Sticke das Augenweiß mit weißem Filetgarn direkt neben den Augen auf. Die Wangen in Altrosa direkt unter den Augen über 1 fM breit anbringen, dazu 2 x einstechen.

BLUME (in Sonne und Crème)

Häkle in Spiral-Rd. Beginne in Sonne.

1. Rd: 6 fM in einen Fadenring häkeln. [6]

2. Rd: 6 x 1 M zun. [12]

Fb-Wechsel zu Crème.

3. Rd: 3 Lm und 4 Stb in 1 M, 1 Km in die nächste M, *5 Stb in 1 M, 1 Km in die

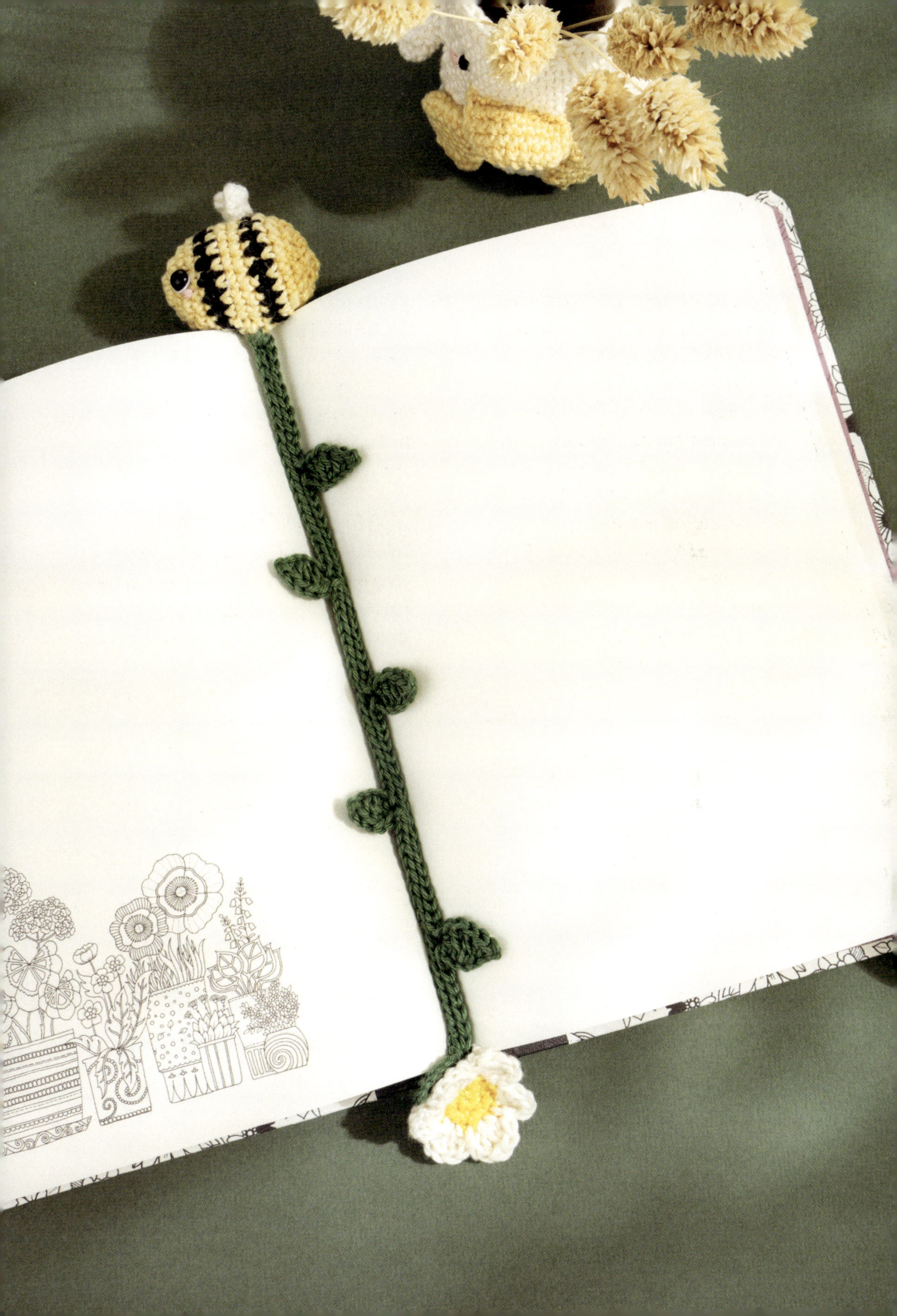

nächste M*, von * bis * noch 4 x wdh. [36] (Bild 5–7)
Den Faden abschneiden und vernähen.

RANKE (in Tannenbaum)

Häkle in Spiral-Rd.

Hinweis: Mit der Ranke wird das Lesezeichen verbunden. In der Anleitung ist sie für ein Buch mit einer Länge von 19 cm vorgesehen. Wenn es länger oder kürzer sein soll, häkle am Anfang ein paar Lm mehr oder weniger. Passe dann die Km zwischen den Blättern der Ranke entsprechend an und häkele auch hier, je nach Länge deiner Lm-Kette, einige Km mehr in die Zwischenräume.

Lasse einen langen Anfangsfaden und schlage 61 Lm an. Stich in die 2. Lm von der Nd aus ein und häkle wie folgt um die Lm-Kette herum:

1. Rd: *20 Km, 6 Lm, in die 2. Lm von der Nd aus einstechen und 1 Km, 1 hStb, 3 Stb entlang der Lm-Kette, 1 Km direkt unter das Blatt*, von * bis * noch 2 x wdh, weiter auf der anderen Seite der Lm-Kette, 10 Km, 6 Lm, in die 2. Lm von der Nd aus einstechen und 1 Km, 1 hStb, 3 Stb entlang der Lm-Kette, 1 Km direkt unter das Blatt, *20 Km, 6 Lm, in die 2. Lm von der Nd aus einstechen, 1 Km, 1 hStb, 3 Stb entlang der Lm-Kette, 1 Km direkt unter das Blatt*, von * bis * noch 1 x wdh, 10 Km. [156]
Den Faden lang abschneiden. Die Ranke jeweils mithilfe des Anfangs und Endfadens am Bauch der Biene und an der Rückseite der Blume festnähen (Bild 8–9).

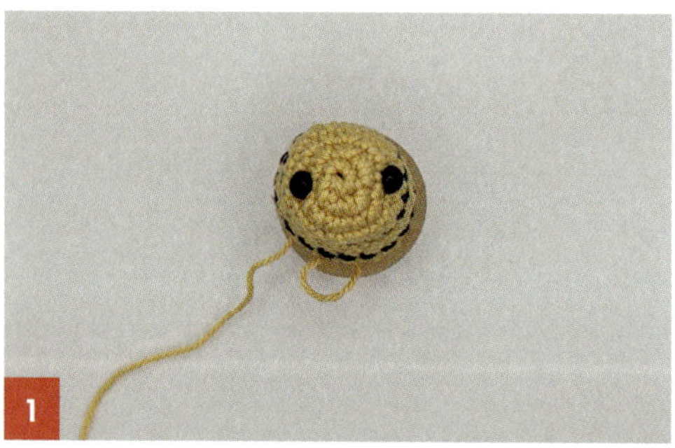

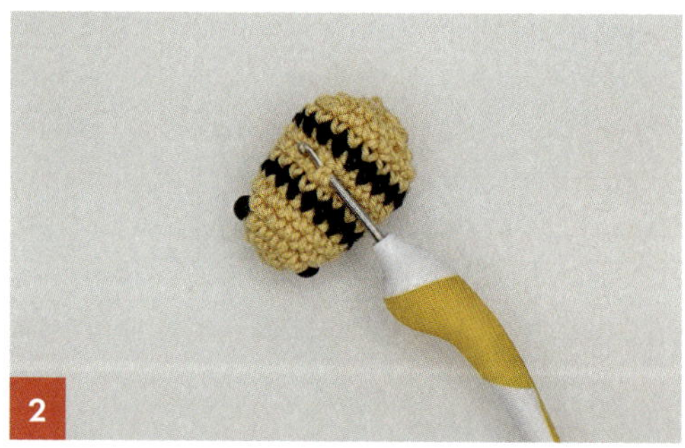

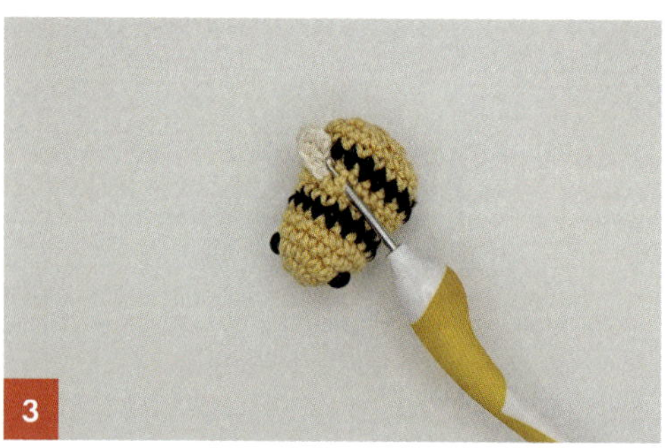

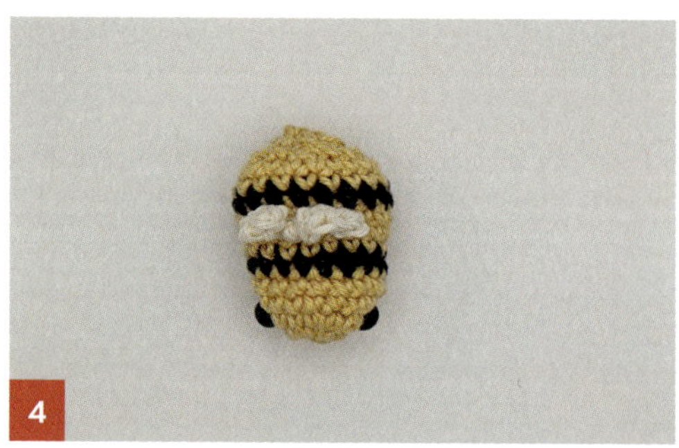

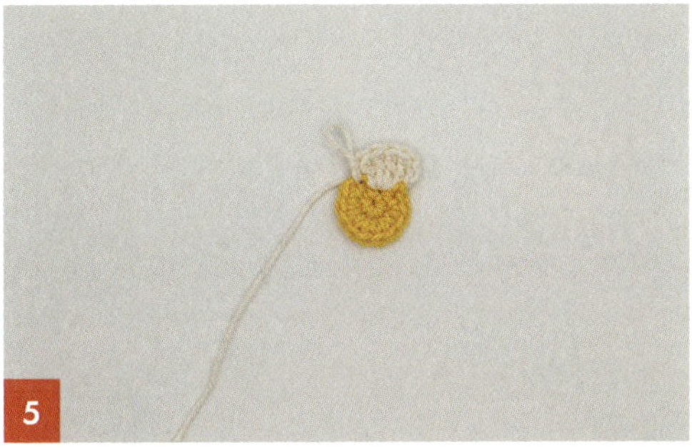

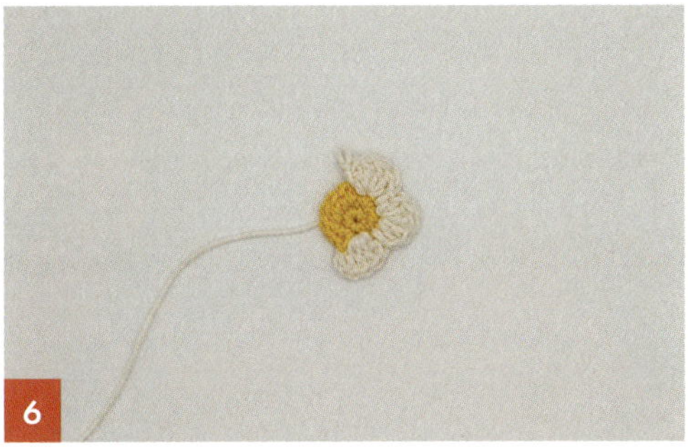

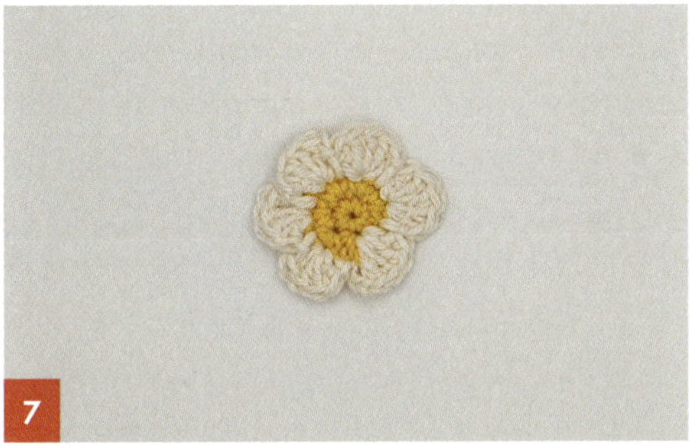

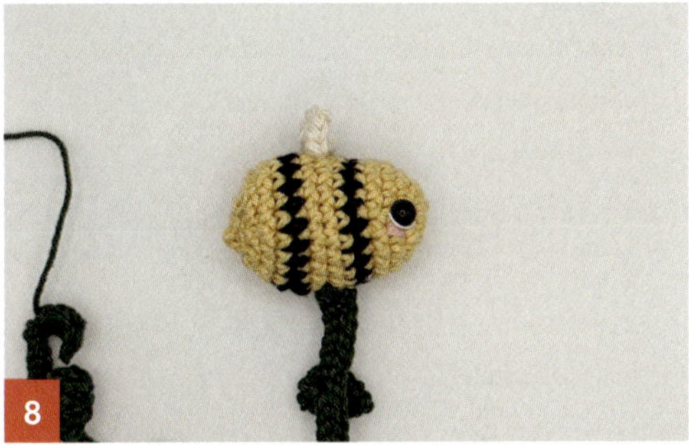

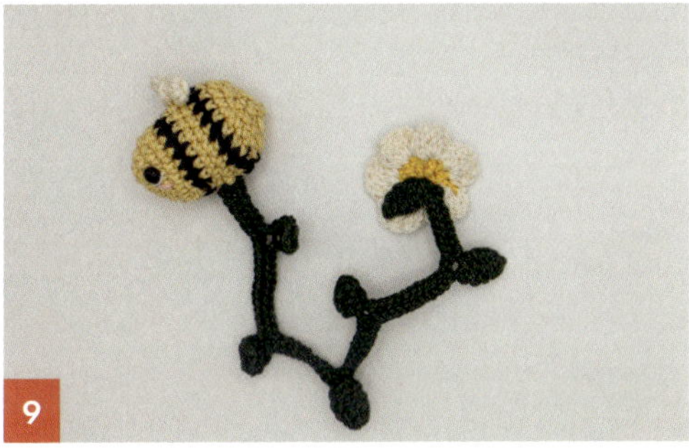

Untersetzer
Sommernacht

Schwierigkeit
Größe 10 cm

Material

- Schachenmayr Catania (100 % Baumwolle, LL 125 m/50 g) in
  - Khaki (Fb 212), 15 g
  - Terracotta (Fb 388), 15 g
  - Mango (Fb 411), 15 g
  - Vanille (Fb 403), 10 g
  - Crème (Fb 130), ein Rest
  - Schwarz (Fb 110), ein Rest
- Häkelnadel 2,5 mm
- Stopfnadel zum Vernähen
- Maschenmarkierer
- Stecknadeln
- Schere

MELONE (2 x in Khaki, Terracotta, Crème und Schwarz)

Häkle in Spiral-Rd. Beginne in Terracotta. Schlage 3 Lm an, stich in die 3. Lm von der Nd aus ein und häkle wie folgt:

1. Rd: 12 fM in 1 M. [12]

2. Rd: 12 x 1 M zun. [24]

3. Rd: *3 fM, 1 M zun*, von * bis * noch 5 x wdh. [30]

4. Rd: *4 fM, 1 M zun*, von * bis * noch 5 x wdh. [36]

Hinweis: In der nächsten Rd werden Fb-Wechsel für die Kerne mit je einer tiefgestochenen fM gehäkelt. Achte darauf, immer in der angegebenen Farbe zu häkeln (Bild 1–3).

5. Rd: *1 fM in Terracotta, 1 tiefgestochene fM in Schwarz, 3 fM in Terracotta, 1 M zun in Terracotta*, von * bis * noch 5 x wdh. [42]

6. Rd: *6 fM, 1 M zun*, von * bis * noch 5 x wdh. [48]

7. Rd: *3 fM in Terracotta, 1 tiefgestochene fM in Schwarz, 3 fM in Terracotta, 1 M zun in Terracotta*, von * bis * noch 5 x wdh. [54]

8. Rd: *8 fM, 1 M zun*, von * bis * noch 5 x wdh. [60]

Fb-Wechsel zu Crème.

9. Rd: 60 fM häkeln.

Fb-Wechsel zu Khaki.

10. Rd: *9 fM, 1 M zun*, von * bis * noch 5 x wdh. [66]

Faden abschneiden und vernähen. Einen identischen zweiten Teil häkeln, aber den Faden nicht abschneiden. Lege beide Teile rücklings aufeinander, stich durch die gegenüberliegenden M und häkle diese mit 66 fM zusammen. Anschließend noch 1 Rd mit 66 tiefgestochenen fM häkeln. Den Faden abschneiden und vernähen.

ORANGE (2 x in Vanille und Mango)

Häkle in Spiral-Rd. Beginne in Vanille. Schlage 3 Lm an, stich in die 3. Lm von der Nd aus ein und häkle wie folgt:

1. Rd: 16 fM in 1 M. [16]

Hinweis: In der nächsten Rd werden Fb-Wechsel für die einzelnen Teile der Orange gehäkelt. Achte darauf, immer in der angege-

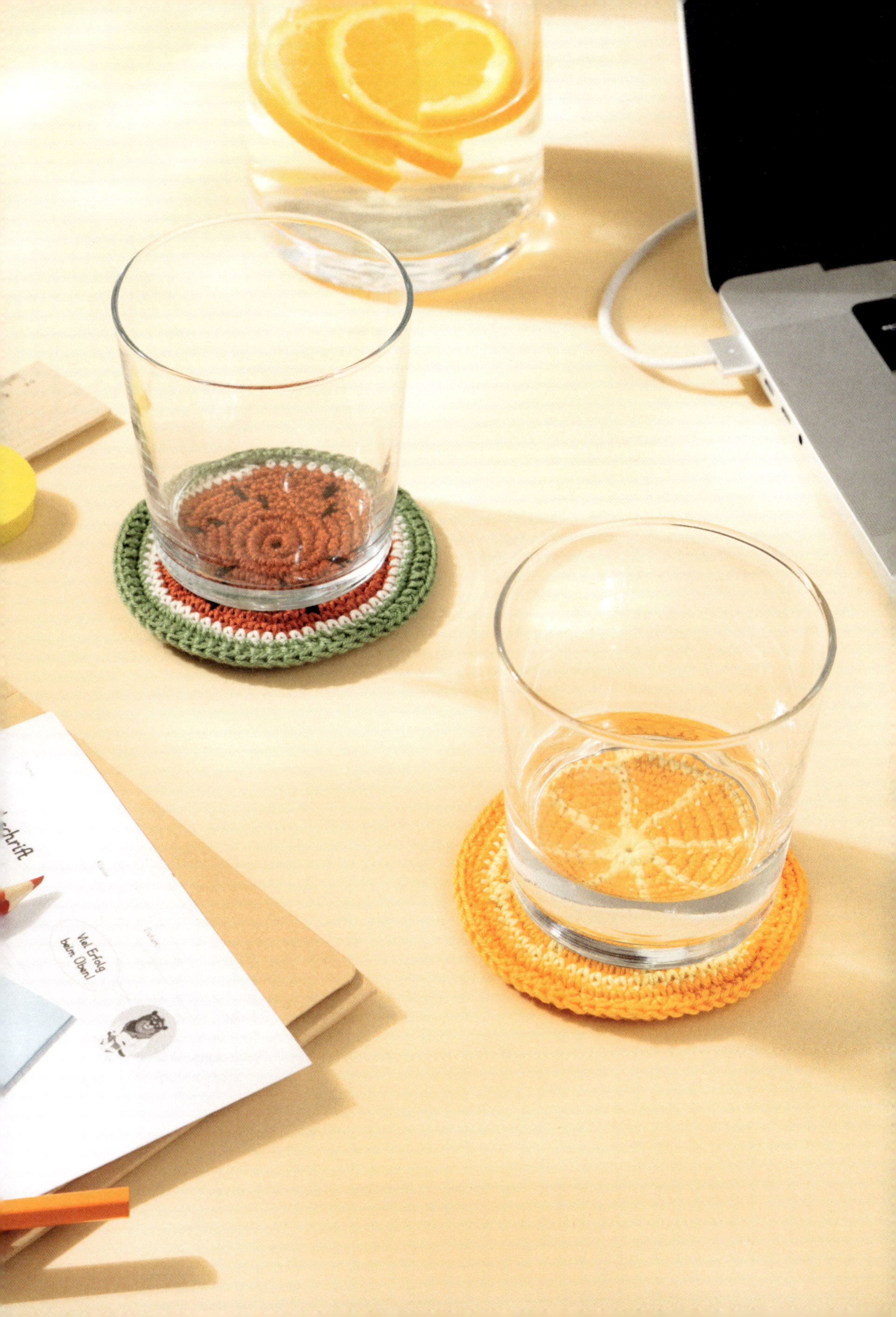
Viel Erfolg beim Üben!

ben Farbe zu häkeln

2. Rd: *1 fM in Vanille, 1 M zun in Mango*, von * bis * noch 7 x wdh. [24]

3. Rd: *1 fM in Vanille, 1 fM in Mango, 1 M zun in Mango*, von * bis * noch 7 x wdh. [32]

4. Rd: *1 fM in Vanille, 2 fM in Mango, 1 M zun in Mango*, von * bis * noch 7 x wdh. [40]

5. Rd: *1 fM in Vanille, 3 fM in Mango, 1 M zun in Mango*, von * bis * noch 7 x wdh. [48]

6. Rd: *1 fM in Vanille, 4 fM in Mango, 1 M zun in Mango*, von * bis * noch 7 x wdh. [56]

7. Rd: *1 fM in Vanille, 5 fM in Mango, 1 M zun in Mango*, von * bis * noch 7 x wdh. [64]

Fb-Wechsel zu Vanille.

8. Rd: *7 fM, 1 M zun*, von * bis * noch 7 x wdh. [72]

Fb-Wechsel zu Mango.

9. Rd: 72 fM häkeln.

Den Faden abschneiden und vernähen. Einen identischen zweiten Teil häkeln, den Faden nicht abschneiden. Lege beide Teile rücklings aufeinander, stich durch die gegenüberliegenden M und häkle diese mit 72 fM zusammen. Den Faden abschneiden und vernähen.

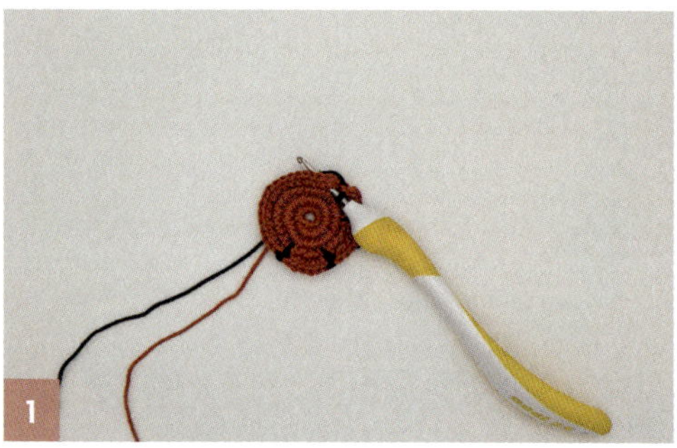

1

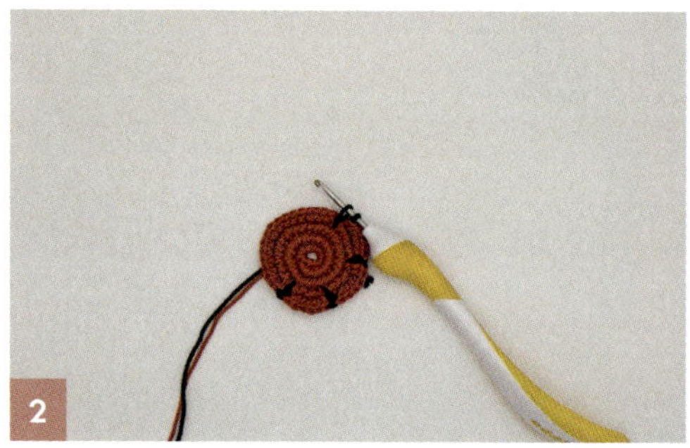

2

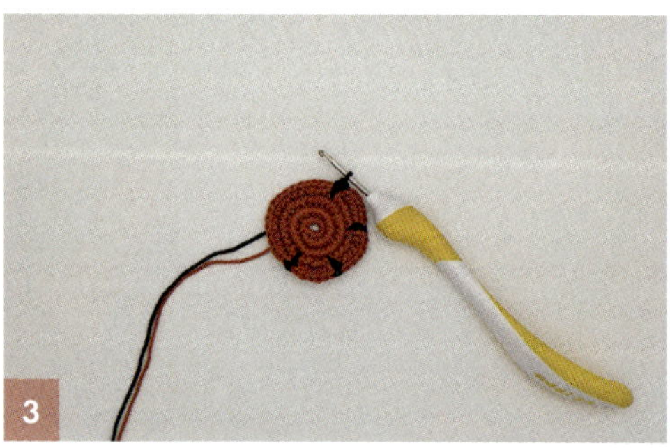

3

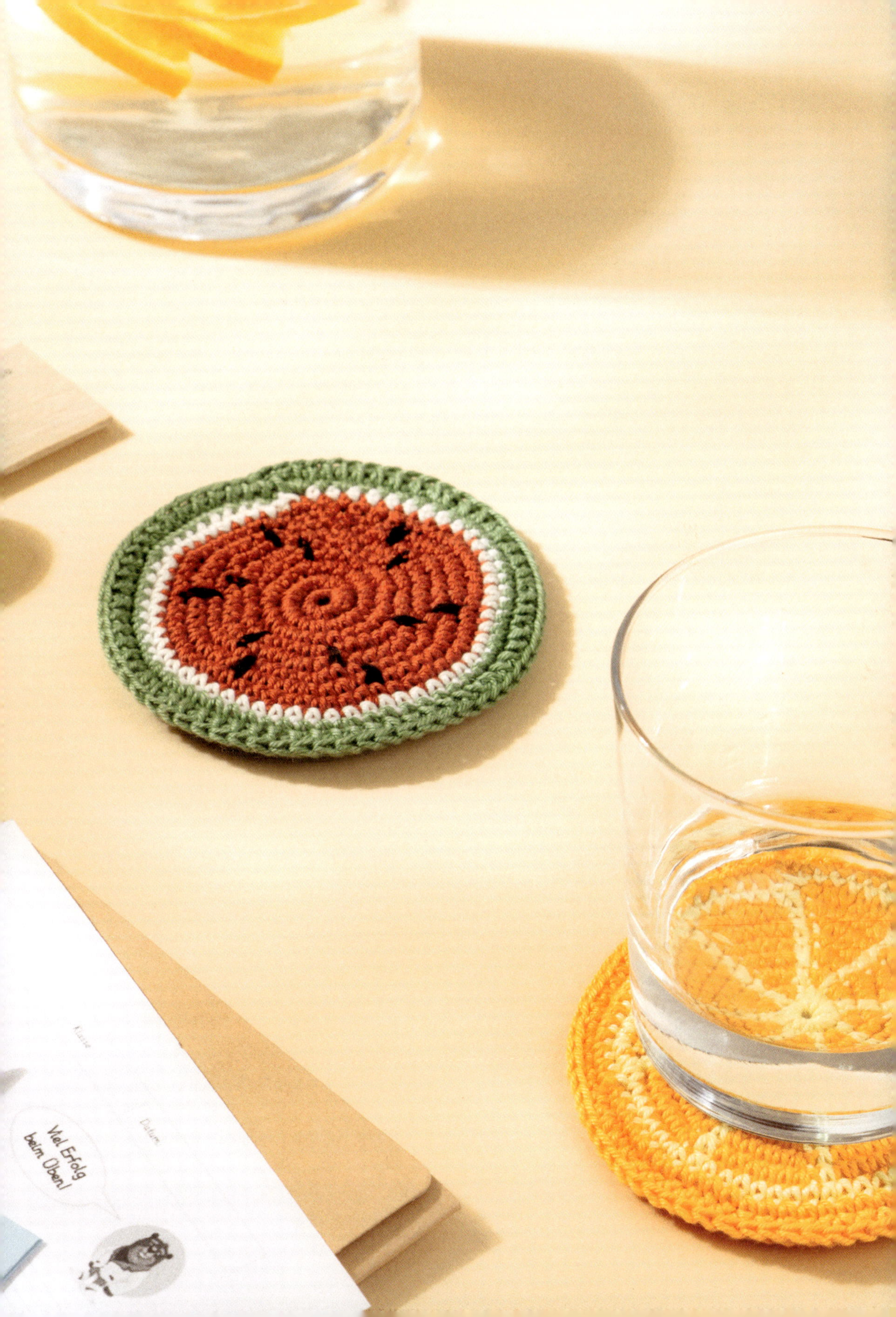
Klasse
Datum

Schildkröte Sören

Schwierigkeit

Größe 10 cm

Material

- Schachenmayr Catania (100 % Baumwolle, LL 125 m/50 g) in
  - Gelbgrün (Fb 392), 15 g
  - Camel (Fb 179), 15 g
  - Altrosa (Fb 408), ein Rest
- Filetgarn in Schwarz und Weiß
- 2 Sicherheitsaugen ⌀ 7 mm
- Füllwatte
- Häkelnadel 2,5 mm
- Stopfnadel zum Vernähen
- Maschenmarkierer
- Stecknadeln
- Schere

PANZER (2 x in Camel)

Häkle in Spiral-Rd.

1. Rd: 6 fM in einen Fadenring häkeln. [6]

2. Rd: 6 x 1 M zun. [12]

3. Rd: *1 fM, 1 M zun*, von * bis * noch 5 x wdh. [18]

4. Rd: *2 fM, 1 M zun*, von * bis * noch 5 x wdh. [24]

5. Rd: *3 fM, 1 M zun*, von * bis * noch 5 x wdh. [30]

6. Rd: *4 fM, 1 M zun*, von * bis * noch 5 x wdh. [36]

7. Rd: *5 fM, 1 M zun*, von * bis * noch 5 x wdh. [42]

8. Rd: *6 fM, 1 M zun*, von * bis * noch 5 x wdh. [48]

9. Rd: *7 fM, 1 M zun*, von * bis * noch 5 x wdh. [54]

10. Rd: *8 fM, 1 M zun*, von * bis * noch 5 x wdh. [60]

11. Rd: *9 fM, 1 M zun*, von * bis * noch 5 x wdh. [66]

Den Faden abschneiden und vernähen. Einen identischen zweiten Teil häkeln, jedoch den Faden nicht abschneiden. Lege beide Teile rücklings aufeinander, stich durch die gegenüberliegenden M der 11. Rd (Bild 1–3) und häkle sie wie folgt zusammen:

12. Rd: *1 fM, 1 Lm*, von * bis * noch 66 x wdh. [132]

Abketten, den Faden abschneiden und vernähen.

KOPF (in Gelbgrün)

Häkle in Spiral-Rd.

1. Rd: 6 fM in einen Fadenring häkeln. [6]

2. Rd: 6 x 1 M zun. [12]

3. Rd: *1 fM, 1 M zun*, von * bis * noch 5 x wdh. [18]

4. Rd: *2 fM, 1 M zun*, von * bis * noch 5 x wdh. [24]

5. Rd: *5 fM, 1 M zun*, von * bis * noch 3 x wdh. [28]

6.–10. Rd: 28 fM häkeln.

11. Rd: *5 fM, 1 M abn*, von * bis * noch 3 x wdh. [24]

Die Augen zwischen Rd 6 und 7 mit 11 fM Abstand befestigen. Beginne, den Kopf auszustopfen (Bild 4).

12. Rd: 24 fM häkeln.

13. Rd: *2 fM, 1 M abn*, von * bis * noch 5 x wdh. [18]

14. Rd: *1 fM, 1 M abn*, von * bis * noch 5 x wdh. [12]

15. Rd: *4 fM, 1 M abn*, von * bis * noch 1 x wdh. [10]

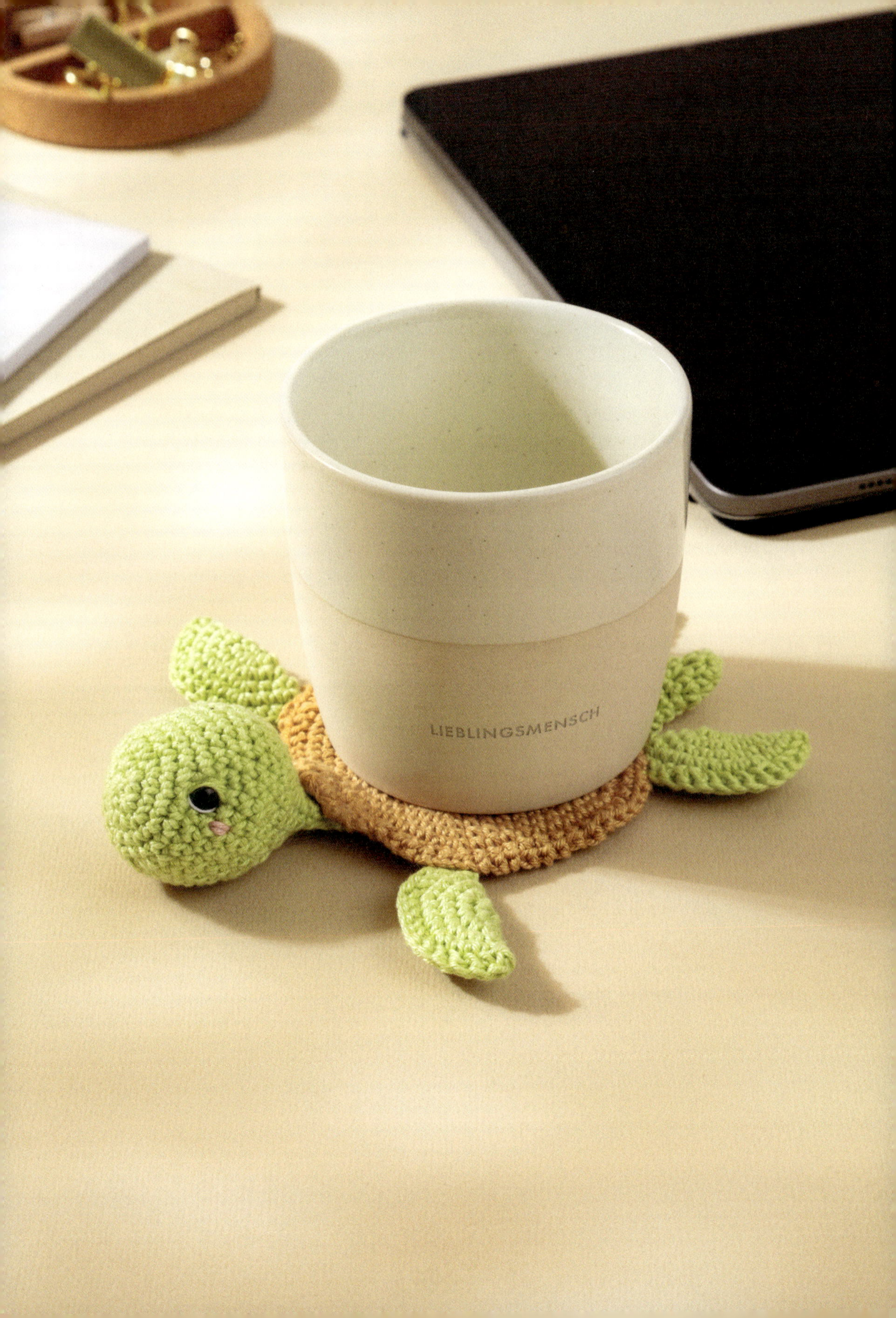
LIEBLINGSMENSCH

Ab der nächsten Rd nicht mehr mit Füllwatte nachstopfen.

16.–17. Rd: 10 fM häkeln.

Das Ende falten, durch die gegenüberliegenden M der 17. Rd stechen und diese mit 5 fM zusammenhäkeln. Die Falz sollte dabei waagerecht am Kopf liegen, sodass dieser damit später festgenäht werden kann (Bild 5).

Gesicht fertigstellen

Das Augenweiß mit weißem Filetgarn direkt unter den Augen anbringen. Die Augenlider in Gelbgrün direkt über den Augen aufsticken, dabei 2 x einstechen. Die Wangen in Altrosa 1 M unter die Augen über 1 fM breit sticken, dabei 2 x einstechen. Nähe den Kopf anschließend unter dem Panzer fest. Die zusammengehäkelte Falz liegt dabei unter dem Panzer.

FLOSSEN (4 x in Gelbgrün)

Häkle in Spiral-Rd. Die Flossen nicht mit Füllwatte ausstopfen.

1. Rd: 6 fM in einen Fadenring häkeln. [6]

2. Rd: 6 x 1 M zun. [12]

3. Rd: *1 fM, 1 M zun*, von * bis * noch 5 x wdh. [18]

4. Rd: *2 fM, 1 M zun*, von * bis * noch 5 x wdh. [24]

5. Rd: *3 fM, 1 M zun*, von * bis * noch 5 x wdh. [30]

Das Ende falten, durch die gegenüberliegenden M der 5. Rd stechen und diese mit 15 fM zusammenhäkeln. Den Faden lang abschneiden. Die vorderen Flossen je 6 fM hinter dem Kopf unterhalb des Panzers festnähen. Die Falz zeigt dabei nach hinten. Die hinteren Flossen ebenfalls mit der Falz nach hinten ca. 14 fM hinter den Vorderflossen festnähen.

SCHWANZ (in Gelbgrün)

Häkle in Spiral-Rd. Den Schwanz nur leicht mit Füllwatte ausstopfen.

1. Rd: 6 fM in einen Fadenring häkeln. [6]

2. Rd: 6 fM häkeln.

3. Rd: *2 fM, 1 M zun*, von * bis * noch 1 x wdh. [8]

4. Rd: 8 fM häkeln.

5. Rd: *3 fM, 1 M zun*, von * bis * noch 1 x wdh. [10]

6. Rd: *4 fM, 1 M zun*, von * bis * noch 1 x wdh. [12]

Das Ende falten, durch die gegenüberliegenden M der 6. Rd stechen und diese mit 6 fM zusammenhäkeln. Den Faden lang abschneiden und den Schwanz mit der Kante unter dem Panzer festnähen (Bild 6).

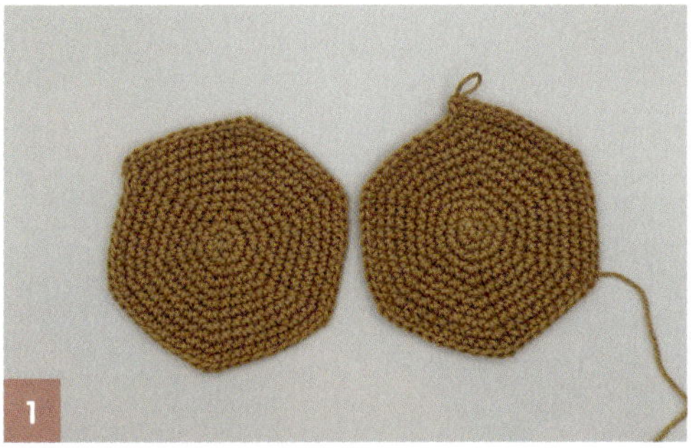

1

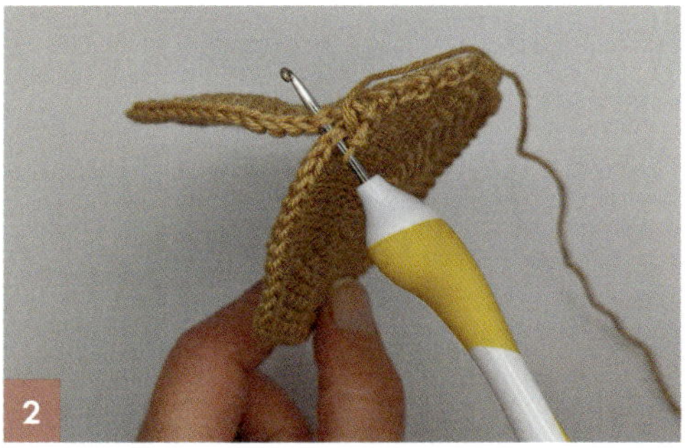

2

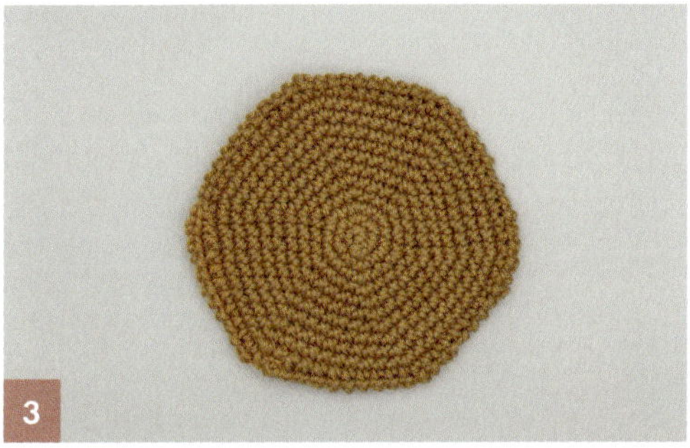

3

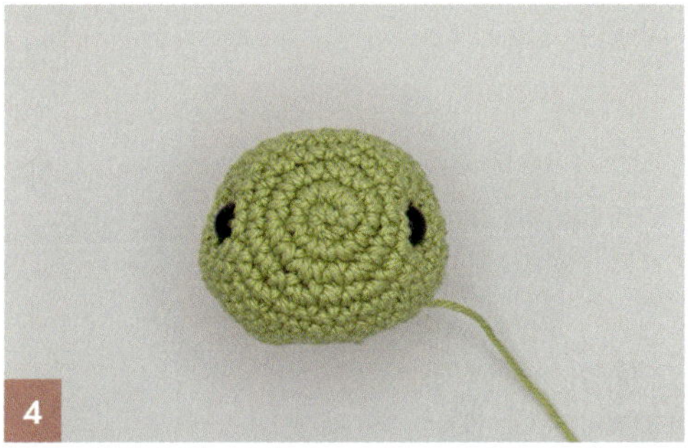

4

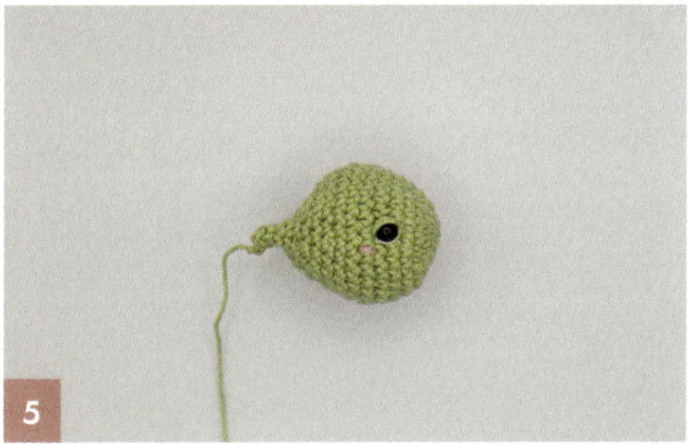

5

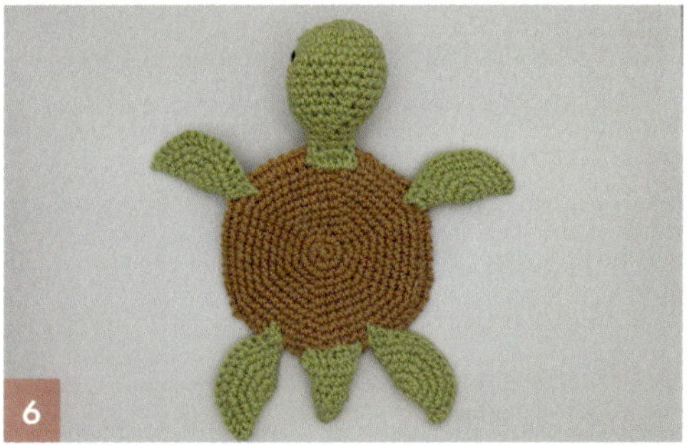

6

Vase

Lenny Lama

Schwierigkeit

Größe 20 cm

Material

- Schachenmayr Catania (100 % Baumwolle, LL 125 m/50 g) in
  - Crème (Fb 130), 35 g
  - Petrol (Fb 391), 5 g
  - Marsalarot (Fb 396), 5 g
  - Vintage (Fb 423), 5 g
  - Camel (Fb 179), 5 g
- Filetgarn in Schwarz und Weiß
- 2 Tieraugen Halbperlen ø 6 mm
- 1 Papprolle, hier leere Küchenpapierrolle oder ein Glas mit gleichen Maßen
- Häkelnadel 2,5 mm
- Füllwatte
- Schmuckkleber
- Stopfnadel zum Vernähen
- Maschenmarkierer
- Stecknadel
- Schere
- Optional: Trockenblumen zur Deko

VORBEREITUNGEN

Schneide zunächst die oberen 8 cm der Papprolle ab. Dadurch erhältst du die passende Höhe. Wenn du eine höhere oder niedrigere Vase möchtest, kannst du diesen Schritt auslassen bzw. mehr cm abschneiden. Häkle dann einfach ein paar Rd mit fM mehr oder weniger, bis die Papprolle vollständig bedeckt ist.

KÖRPER (in Crème)

Häkle in Spiral-Rd. Den Körper nicht mit Füllwatte ausstopfen.

1. Rd: 6 fM in einen Fadenring häkeln. [6]

2. Rd: 6 x 1 M zun. [12]

3. Rd: *1 fM, 1 M zun*, von * bis * noch 5 x wdh. [18]

4. Rd: *2 fM, 1 M zun*, von * bis * noch 5 x wdh. [24]

5. Rd: *3 fM, 1 M zun*, von * bis * noch 5 x wdh. [30]

6. Rd: *4 fM, 1 M zun*, von * bis * noch 5 x wdh. [36]

7. Rd: *8 fM, 1 M zun*, von * bis * noch 3 x wdh. [40]

8. Rd: 40 fM ihM häkeln.

9.–42. Rd: 40 fM häkeln.

43. Rd: *8 fM, 1 M abn*, von * bis * noch 3 x wdh. [36]

44.–60. Rd: 36 fM häkeln.

61. Rd: 36 tiefgestochene fM häkeln.

Den Faden abschneiden und vernähen. Anschließend die Papprolle in das Häkelstück schieben.

SCHNAUZE (in Crème)

Häkle in Spiral-Rd. Die Schnauze fortlaufend mit Füllwatte ausstopfen.

1. Rd: 6 fM in einen Fadenring häkeln. [6]

2. Rd: *1 fM, 1 M zun*, von * bis * noch 2 x wdh. [9]

3. Rd: 9 fM häkeln.

4. Rd: *2 fM, 1 M zun*, von * bis * noch 2 x wdh. [12]

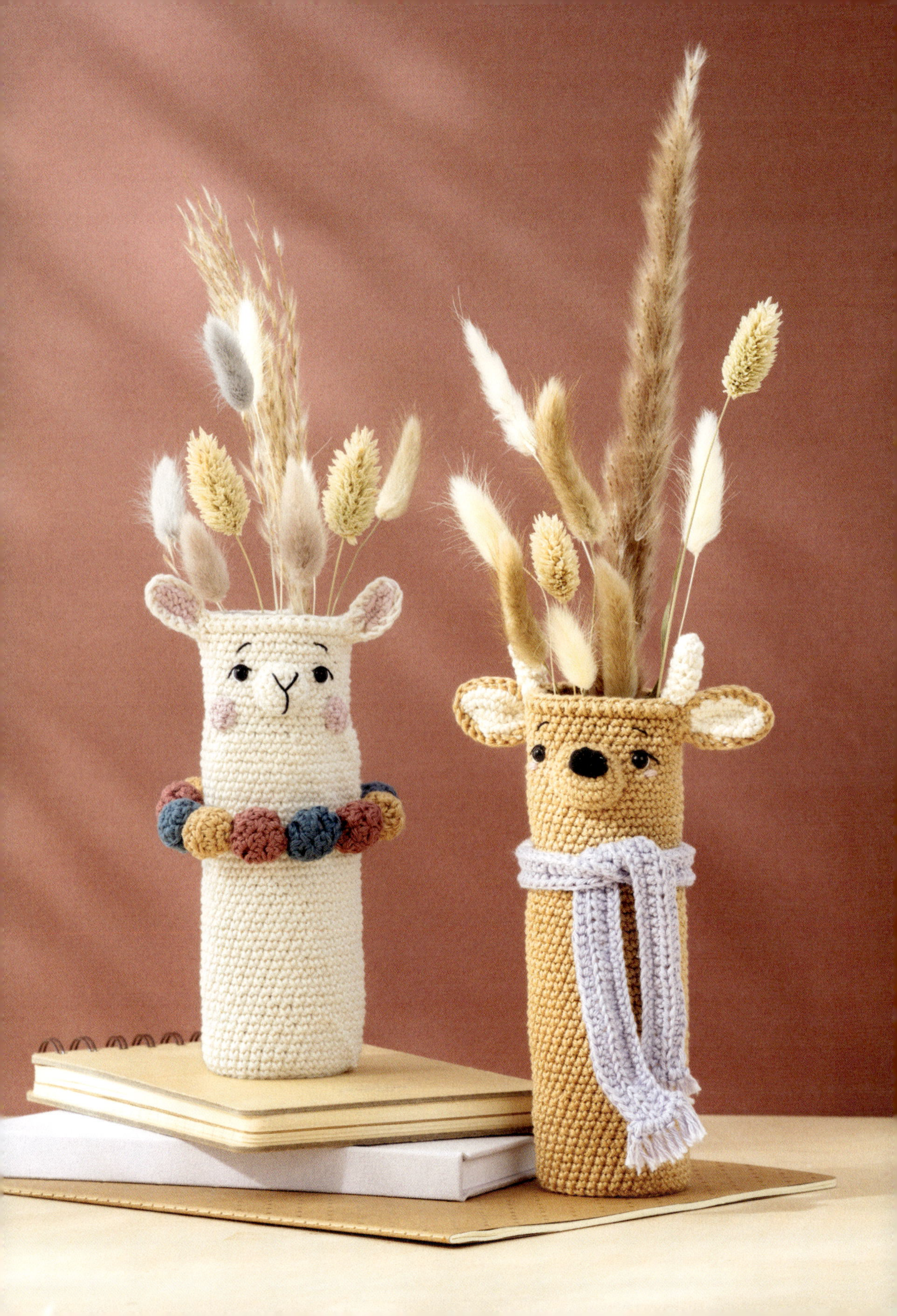

Den Faden lang abschneiden und die Schnauze 3 Rd unter dem oberen Rand des Körpers festnähen (Bild 1).

OHREN (2 x in Crème und Vintage)

Häkle in Spiral-Rd. Beginne in Vintage. Die Ohren nicht mit Füllwatte ausstopfen.
Schlage 6 Lm an, stich in die 2. Lm von der Nd aus ein und häkle wie folgt um die Lm-Kette herum:
1. Rd: 4 fM, 3 fM in 1 M, weiter auf der anderen Seite der Lm-Kette, 3 fM, 1 M zun. [12]
Den Faden abschneiden und vernähen. Einen identischen zweiten Teil in Crème häkeln, den Faden jedoch nicht abschneiden. Lege beide Teile rücklings aufeinander, stich durch die gegenüberliegenden M der 1. Rd und häkle sie mit 12 fM zusammen. Den Faden lang abschneiden. (Bild 2–3). Die Ohren am oberen Rand des Körpers 5 fM neben der Schnauze festnähen (Bild 4).

WANGEN (2 x in Vintage)

Häkle in Spiral-Rd.
1. Rd: 6 fM in einen Fadenring häkeln. [6]
Schließe den Fadenring mit 1 Km in die 1. M der Rd und schneide den Faden lang ab.
Klebe zunächst die Augen 1 M neben der Schnauze fest. Nähe anschließend die Wangen 2 Rd unter den Augen mit 2 fM Abstand zur Schnauze fest. Alternativ kannst du die Augen auch später aufsticken.

HALSSCHMUCK (12 x in Petrol, Marsalarot und Camel)

Häkle in Spiral-Rd.
1. Rd: 6 fM in einen Fadenring häkeln. [6]
2.–4. Rd: * 1 N aus 2 hStb *, von * bis * noch 5 x wdh. [6]
Stopfe die Kugel fest mit Füllwatte. Den Faden lang abschneiden, durch die vorderen M-Glieder der letzten Rd fädeln, festziehen und vernähen. Häkle je vier Kugeln pro Farbe. Anschließend die Kugeln auf einen Perlonfaden, Durchmesser 0,35 mm, ca. 50 cm (alternativ ein durchsichtiges Nähgarn) auffädeln. Lege die Kette um den Hals des Lamas und knote sie auf der Rückseite so fest zu, dass sie nicht herunterrutschen kann. Zum Fixieren der Kette kannst du anschließend die Reste des Fadens im Körper vernähen. Den überstehenden Faden abschneiden.

Gesicht fertigstellen

Sticke die Nase mit schwarzem Filetgarn über Rd 1–2 der Schnauze auf. Die Nase sollte oberhalb 2 M breit sein und nach unten hin spitz zusammenlaufen. Unter der Nase 2 fM nach unten stechen, um die Schnauze fertigzustellen (Bild 5–8). Das Augenweiß mit weißem Filetgarn direkt neben die Augen sticken. Danach den Lidstrich mit schwarzem Filetgarn direkt über den Augen aufsticken. Die Augenbrauen mit schwarzem Filetgarn 1 Rd über die Augen über 1 M breit und 1 M hoch sticken.

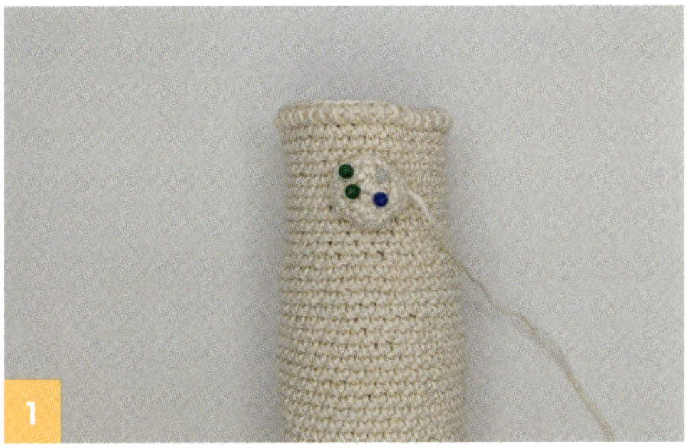
1

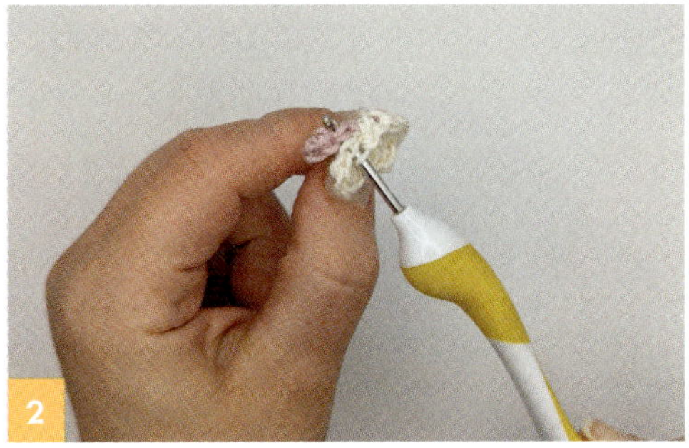
2

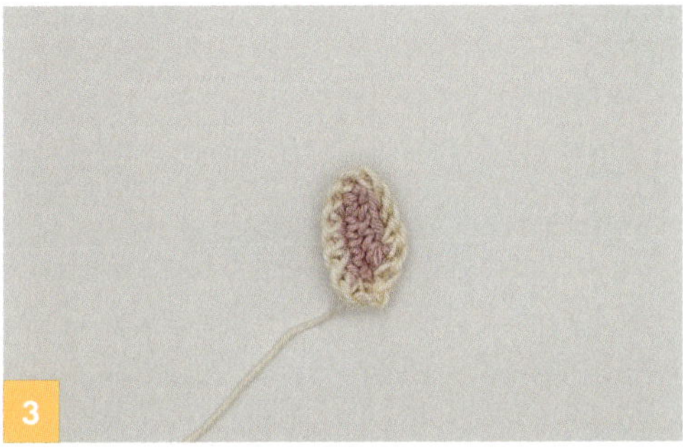
3

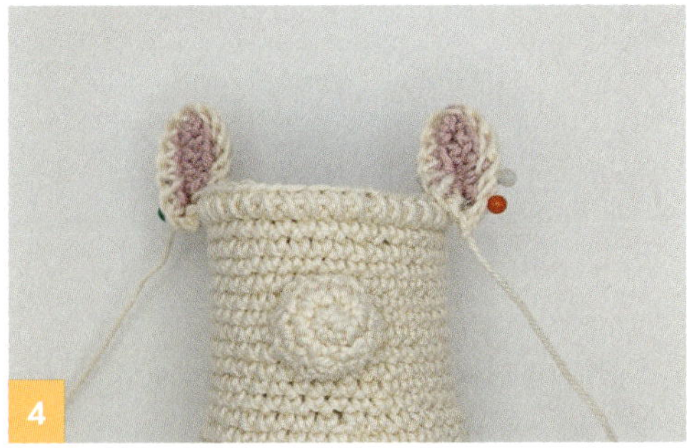
4

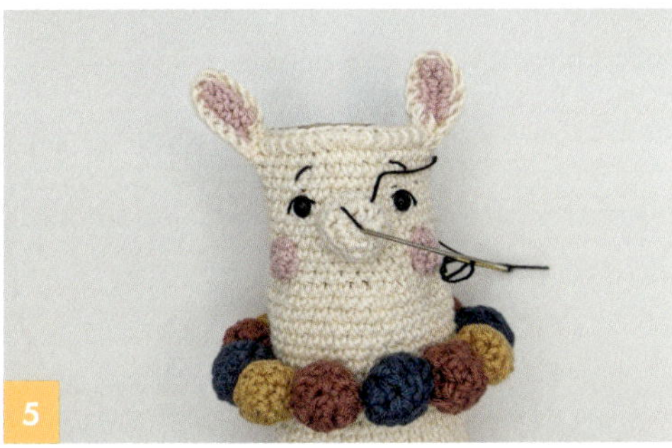
5

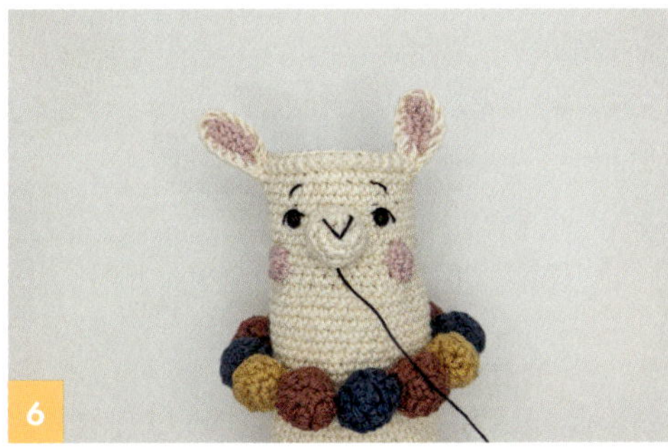
6

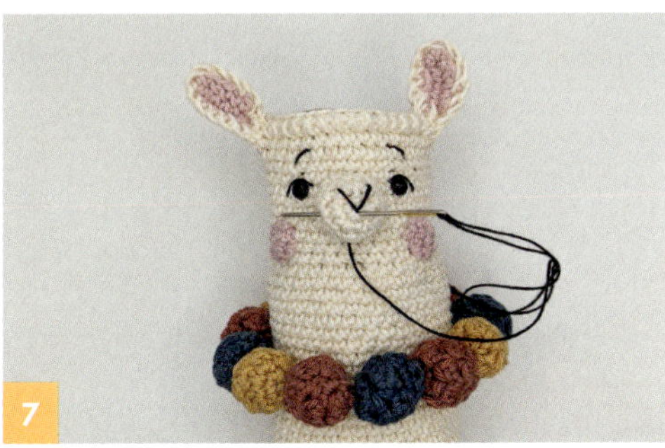
7

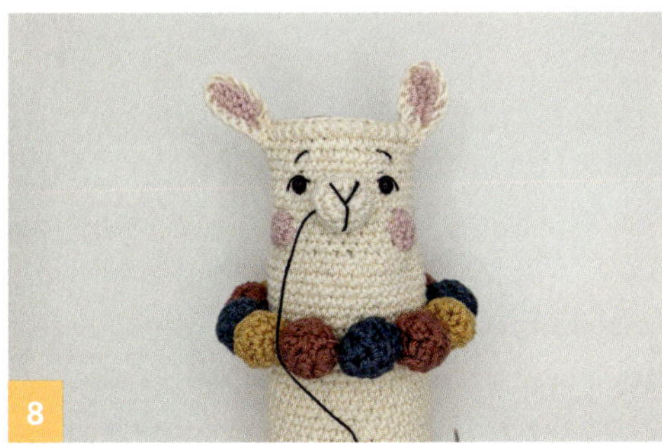
8

Rosa Reh

Schwierigkeit

Größe 18 cm

Material

- Schachenmayr Catania (100 % Baumwolle, LL 125 m/50 g) in
  - Camel (Fb 179), 35 g
  - Malve (Fb 399), 15 g
  - Crème (Fb 130), 10 g
  - Schwarz (Fb 110), ein Rest
  - Vintage (FB 423), ein Rest
- Filetgarn in Schwarz und Weiß
- 2 Tieraugen Halbperlen ø 6 mm
- 1 Papprolle, hier leere Küchenpapierrolle oder ein Glas mit gleichen Maßen
- Füllwatte
- Häkelnadel 2,5 mm
- Schmuckkleber
- Maschenmarkierer
- Stopfnadel zum Vernähen
- Stecknadel
- Schere
- Optional: Trockenblumen zur Deko

VORBEREITUNGEN

Schneide zunächst die oberen 8 cm der Papprolle ab. Dadurch erhältst du die passende Höhe. Wenn du eine höhere oder niedrigere Vase möchtest, kannst du diesen Schritt auslassen bzw. mehr cm abschneiden. Häkle dann einfach ein paar Rd mit fM mehr oder weniger, bis die Papprolle vollständig bedeckt ist.

KÖRPER (in Camel)

Häkle in Spiral-Rd. Den Körper nicht mit Füllwatte ausstopfen.

1. Rd: 6 fM in einen Fadenring häkeln. [6]
2. Rd: 6 x 1 M zun. [12]
3. Rd: *1 fM, 1 M zun*, von * bis * noch 5 x wdh. [18]
4. Rd: *2 fM, 1 M zun*, von * bis * noch 5 x wdh. [24]
5. Rd: *3 fM, 1 M zun*, von * bis * noch 5 x wdh. [30]
6. Rd: *4 fM, 1 M zun*, von * bis * noch 5 x wdh. [36]
7. Rd: *8 fM, 1 M zun*, von * bis * noch 3 x wdh. [40]
8. Rd: 40 fM ihM häkeln.
9.–42. Rd: 40 fM häkeln.
43. Rd: *8 fM, 1 M abn*, von * bis * noch 3 x wdh. [36]
44.–60. Rd: 36 fM häkeln.
61. Rd: 36 tiefgestochene fM häkeln.
Den Faden abschneiden und vernähen. Anschließend die Papprolle in das Häkelstück schieben.

OHREN (2 x in Camel und Crème)

Häkle in Spiral-Rd. Die Ohren nicht mit Füllwatte ausstopfen. Beginne in Crème.
Schlage 8 Lm an, stich in die 2. Lm von der Nd aus ein und häkle wie folgt um die Lm-Kette herum:

1. Rd: 6 fM, 3 fM in 1 M, weiter auf der anderen Seite der Lm-Kette, 5 fM, 1 M zun. [16]
2. Rd: *1 M zun, 7 fM*, von * bis * noch 1 x wdh. [18]
Den Faden abschneiden und vernähen. Einen identischen zweiten Teil in Camel häkeln, aber

den Faden nicht abschneiden. Lege beide Teile rücklings aufeinander, stich durch die gegenüberliegenden M der 2. Rd und häkle sie mit 18 fM zusammen. Das Ende falten und zwei der gegenüberliegenden fM mit 1 fM zusammennähen (Bild 1–3). Den Faden lang abschneiden und damit die Ohren unter der letzten Rd des Körpers festnähen.

SCHNAUZE (in Camel)

Häkle in Spiral-Rd. Die Schnauze fortlaufend mit Füllwatte ausstopfen.
Schlage 6 Lm an, stich in die 2. Lm von der Nd aus ein und häkle wie folgt um die Lm-Kette herum:
1. Rd: 4 fM, 3 fm in 1 M, weiter auf der anderen Seite der Lm-Kette, 3 fM, 1 M zun. [12]
2. Rd: 1 M zun, 4 fM, 2 x 1 M zun, 4 fM, 1 M zun. [16]
3.–4. Rd: 16 fM häkeln.
Den Faden lang abschneiden und damit die Schnauze später annähen.

NASE (in Schwarz)

Häkle in Spiral-Rd. Schlage 3 Lm an, stich in die 2. Lm von der Nd aus ein und häkle wie folgt um die Lm-Kette herum:
1. Rd: 1 fM, 3 fM in 1 M, weiter auf der anderen Seite der Lm-Kette, 1 M zun. [6]
Den Faden lang abschneiden und die Nase über Rd 2–3 der Schnauze festnähen. Anschließend die Schnauze über Rd 51–56 des Körpers festnähen.

Gesicht fertigstellen
Die Halbperlen 2 fM neben der Schnauze festkleben. Sobald die Augen getrocknet sind, das Augenweiß mit weißem Filetgarn direkt neben den Augen aufsticken. Die Augenlider mit schwarzem Filetgarn direkt über den Augen anbringen. Die Augenbrauen ebenfalls mit schwarzem Filetgarn 2 Rd über den Augen über 2 fM breit und 1 Rd hoch sticken. Die Wangen in Vintage über 1 fM breit unter den Augen aufsticken, dabei 2 x einstechen.

HÖRNER (2 x in Crème)

Häkle in Spiral-Rd. Die Hörner fortlaufend mit Füllwatte ausstopfen.
1. Rd: 6 fM in einen Fadenring häkeln. [6]
2.–6. Rd: 6 fM häkeln.
Den Faden lang abschneiden und damit die Hörner vor den Ohren festnähen.

SCHAL (in Malve)

Häkle in R. Schlage 101 Lm an, stich in die 2. Lm von der Nd aus ein und häkle wie folgt weiter:
1. R: 100 fM, 2 Lm und wenden. [100]
2. R: 100 hStb ihM, 2 Lm und wenden.
3. R: 100 hStb ihM.
Den Faden abschneiden und vernähen. 18 Fäden in Vintage mit einer Länge von ca. 10 cm abschneiden. Knüpfe je neun Fäden an jedes Ende des Schals. Die Fäden auf die gleiche Länge schneiden und mit einer Nadel spalten. Den Schal um den Hals des Rehs binden.
Bei Bedarf kann der Schal auch mit ein paar Stichen am Hals festgenäht werden.

Eine Beschreibung zum Festknüpfen findest du auf S. 51–52 des Marienkäfers.

Magnet
Loki Löwe

Schwierigkeit ⊛⊛⊛
Größe 4 cm

Material

- Schachenmayr Catania (100 % Baumwolle, LL 125 m/50 g) in
  - Honig (Fb 206), 5 g
  - Zimt (Fb 383), 5 g
  - Camel (Fb 179), ein Rest
  - Altrosa (Fb 408), ein Rest
- Filetgarn in Schwarz
- 1 Magnet 5 mm, ø 20 mm,
- Häkelnadel 2,5 mm
- Stopfnadel zum Vernähen
- Maschenmarkierer
- Stecknadel
- Schere

KOPF (in Honig)

Häkle in Spiral-Rd.
1. Rd: 6 fM in einen Fadenring häkeln. [6]
2. Rd: 6 x 1 M zun. [12]
3. Rd: *1 fM, 1 M zun*, von * bis * noch 5 x wdh. [18]
4. Rd: 18 fM häkeln. [18]
5. Rd: 18 fM ihM häkeln.
6. Rd: *1 fM, 1 M abn*, von * bis * noch 5 x wdh. [12]
Lege den Magnet in das Häkelstück hinein (Bild 1).
7. Rd: 6 x 1 M abn. [6]
Den Faden lang abschneiden, durch die vorderen M-Glieder der letzten Rd fädeln, festziehen und den Faden vernähen (Bild 2–3).

MÄHNE (in Zimt)

Häkle in Spiral-Rd. Schlinge den Faden in den vorderen M-Gliedern aus Rd 5 des Kopfs an, stich von oben ein und häkle wie folgt weiter:
1. Rd: 3 Lm und 2 Stb in 1 M häkeln, 1 Km in die nächste M, *3 Stb in 1 M, 1 Km in die nächste M*, von * bis * noch 8 x wdh. [36] (Bild 4–5).
Den Faden abschneiden und vernähen (Bild 6).

NASENSTEG (in Camel)

Häkle in R. Schlage 6 Lm an, stich in die 2. Lm von der Nd aus ein und häkle 5 fM entlang der Lm-Kette. Den Faden lang abschneiden. Den Steg anschließend auf dem Kopf über Rd 1–4 festnähen (Bild 7).

Gesicht fertigstellen

Sticke die Nase mit schwarzem Filetgarn über den unteren Rand des Nasenstegs auf, stich dazu 6 x ein (Bild 8). Die Augen ebenfalls mit schwarzem Filetgarn direkt neben der Nase über 2 fM breit sticken. Ziehe die Augen anschließend mit einer Schlaufe 1 Rd nach oben, um ihnen ihre Form zu geben. Die Wangen in Altrosa über 1 M breit, direkt unter den Augen aufsticken, dazu 2 x einstechen.

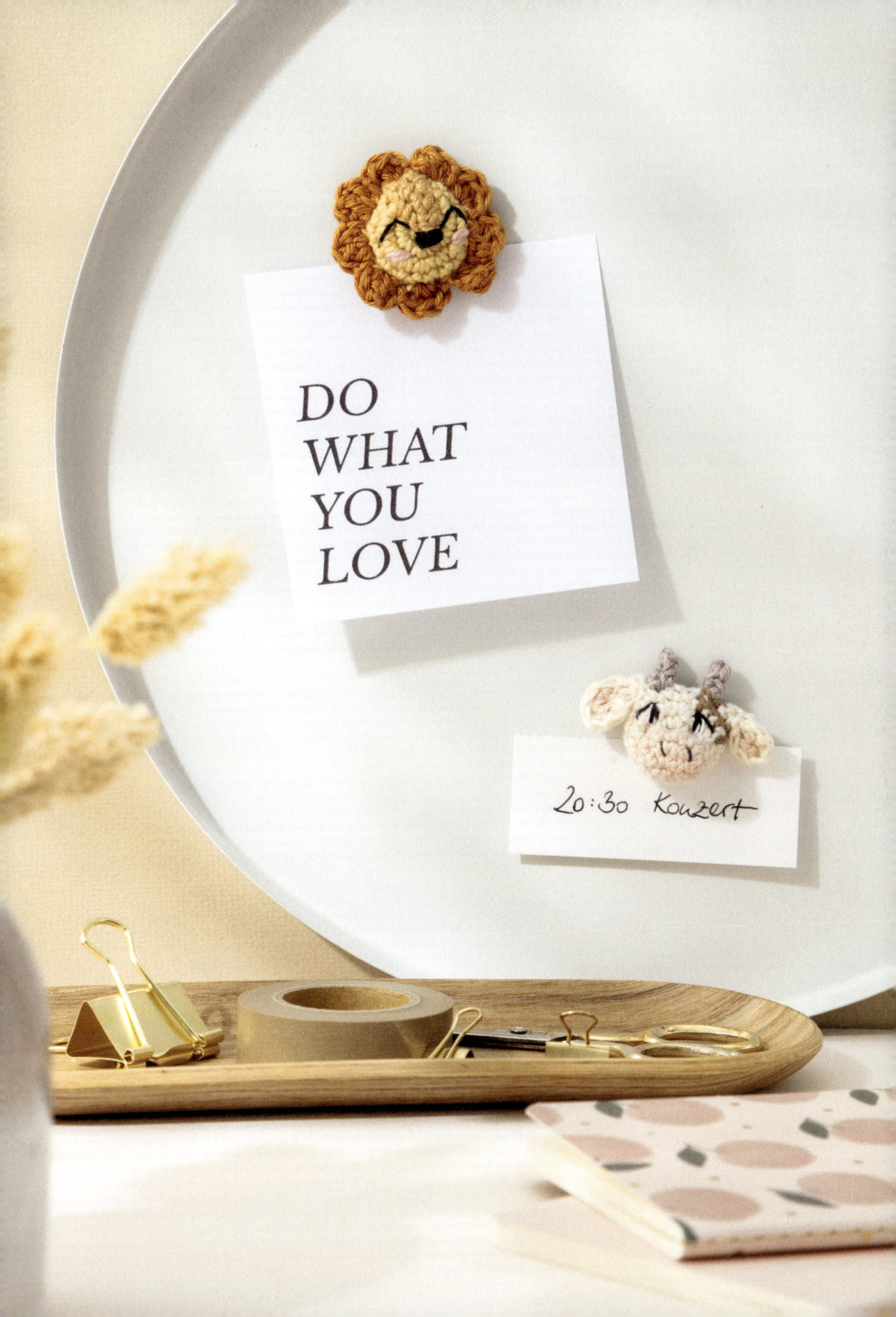
DO
WHAT
YOU
LOVE
20:30 Konzert

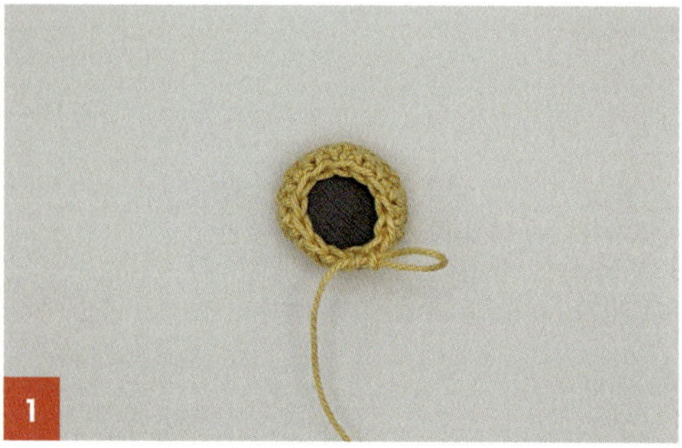
1

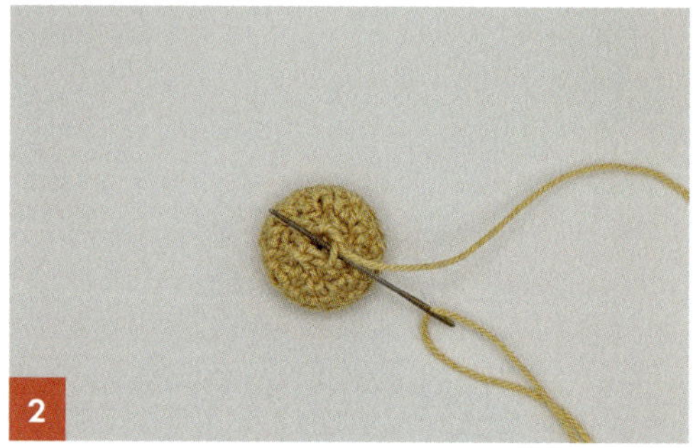
2

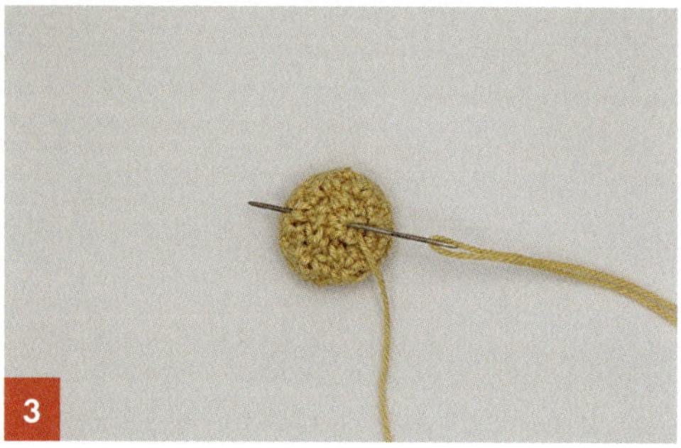
3

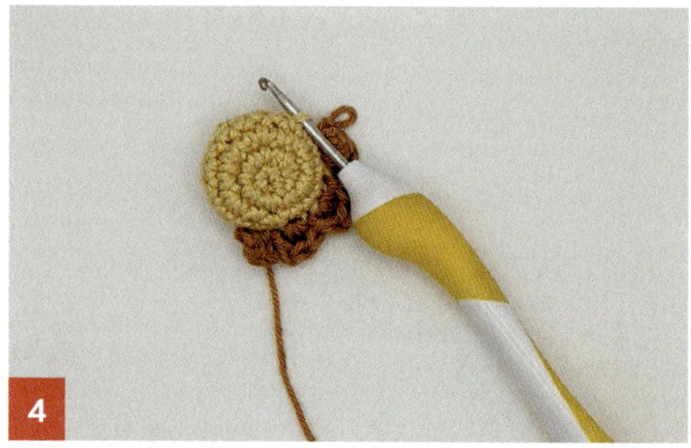
4

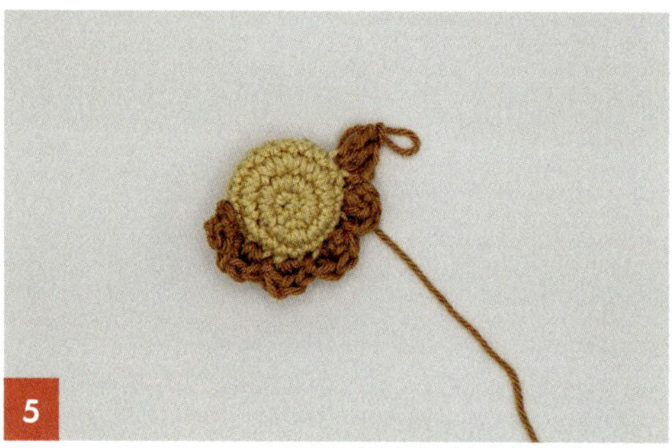
5

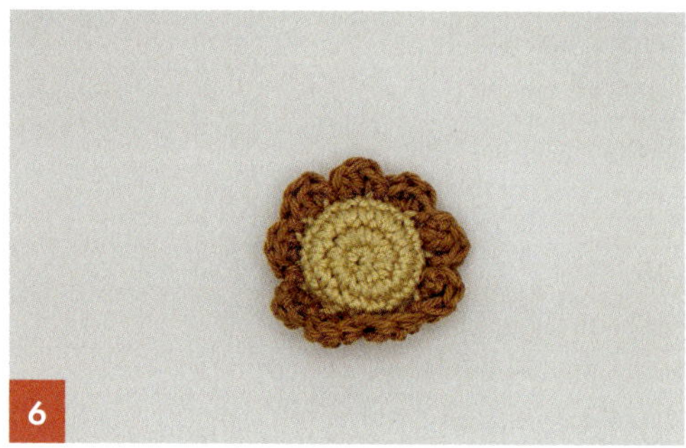
6

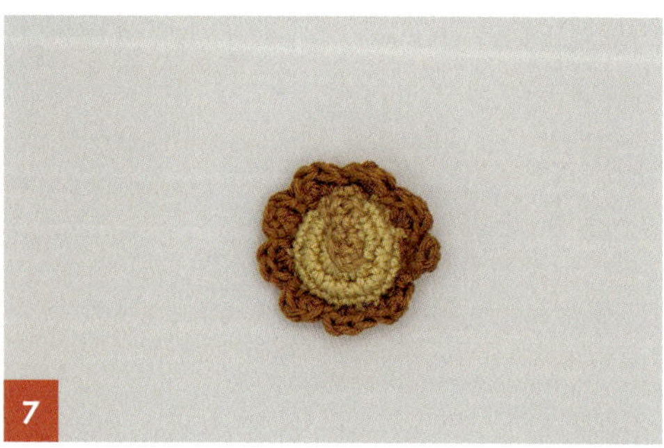
7

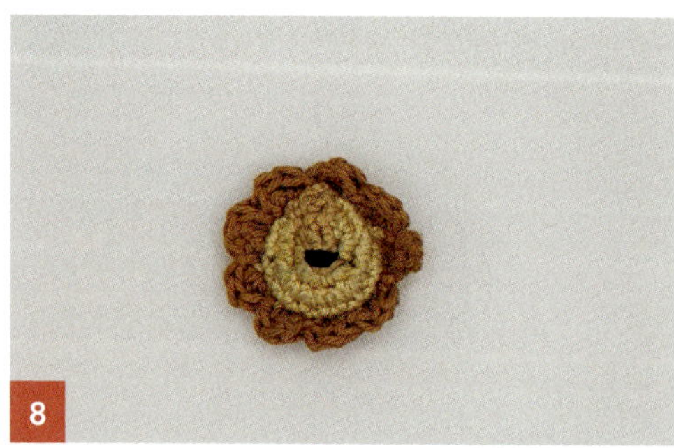
8

Kaja Kuh

Schwierigkeit

Größe 4 cm

Material

- Schachenmayr Catania in (100 % Baumwolle, LL 125 m/50 g) in
  - Crème (Fb 130), 5 g
  - Rosé Gold (Fb 433), 5 g
  - Schlamm (Fb 406), ein Rest
  - Deep Amber (Fb 438), ein Rest
- Filetgarn in Schwarz und Weiß
- 1 Magnet 5 mm, ⌀ 20 mm
- Füllwatte
- Häkelnadel 2,5 mm
- Stopfnadel zum Vernähen
- Maschenmarkierer
- Stecknadeln
- Schere

KOPF (in Crème und Deep Amber)

Häkle in Spiral-Rd. Den Kopf nicht mit Füllwatte ausstopfen. Beginne in Crème.

1. Rd: 6 fM in einen Fadenring häkeln. [6]

2. Rd: 6 x 1 M zun. [12]

3. Rd: *1 fM, 1 M zun*, von * bis * noch 5 x wdh. [18]

Hinweis: In der nächsten Rd werden Fb-Wechsel für die Flecken gehäkelt. Achte darauf, immer in der angegeben Farbe zu häkeln.

4.–5. Rd: 7 fM in Crème, 4 fM in Deep Amber, 7 fM in Crème. [18]

6. Rd: *1 fM, 1 M abn*, von * bis * noch 5 x wdh. [12]

Lege den Magnet in das Häkelstück hinein.

7. Rd: 6 x 1 M abn. [6]

Den Faden lang abschneiden, durch die vorderen M-Glieder der letzten Rd fädeln, festziehen und den Faden vernähen.

SCHNAUZE (in Rosé Gold)

Häkle in Spiral-Rd. Schlage 4 Lm an, stich in die 2. Lm von der Nd aus ein und häkle wie folgt um die Lm-Kette herum:

1. Rd: 2 fM, 3 fM in 1 M, weiter auf der anderen Seite der Lm-Kette, 1 fM, 1 M zun. [8]

2. Rd: 8 fM häkeln.

Den Faden lang abschneiden. Die Schnauze leicht mit Füllwatte ausstopfen. Nähe diese anschließend über Rd 1–2 am Kopf fest. Der Fb-Wechsel sollte dabei seitlich liegen (Bild 1).

Gesicht fertigstellen

Die Nasenlöcher mit schwarzem Filetgarn über Rd 1 der Schnauze über 1 fM hoch und mit 2 fM Abstand aufsticken. Die Augen ebenfalls mit schwarzem Filetgarn direkt über der Schnauze über 1 fM hoch und mit 3 M Abstand anbringen, dazu 4 x einstechen (Bild 2). Das Augenweiß mit weißem Filetgarn direkt neben den Augen und den Lichtreflex mittig in den Augen aufsticken. Den Lidstrich mit schwarzem Filetgarn direkt über den Augen anbringen (Bild 3).

OHREN (2 x in Rosé Gold und Crème)

Häkle in Spiral-Rd. Beginne in Rosé Gold. Schlage 3 Lm an, stich in die 2. Lm von der

Nd aus ein und häkle wie folgt um die Lm-Kette herum:

1. Rd: 1 fM, 3 fM in 1 M, weiter auf der anderen Seite der Lm-Kette, 1 M zun. [6]

Den Faden abschneiden und vernähen. Einen identischen zweiten Teil in Crème häkeln, den Faden jedoch nicht abschneiden. Lege beide Teile rücklings aufeinander, stich durch die gegenüberliegenden M der 1. Rd und häkle sie mit 6 fM zusammen. Den Faden lang abschneiden. Das Ende falten und zwei der gegenüberliegenden M mit ein paar Stichen zusammennähen (Bild 4–5). Die Ohren 1 Rd über den Augen festnähen (Bild 6).

HÖRNER (2 x in Schlamm)

Häkle in R. Die Hörner nicht mit Füllwatte ausstopfen. Schlage 4 Lm an, stich in die 2. Lm von der Nd aus ein und häkle 3 fM entlang der Lm-Kette. Den Faden lang abschneiden. Das Häkelstück senkrecht falten und die langen Seiten zusammennähen. Die Hörner direkt vor den Ohren festnähen (Bild 7).

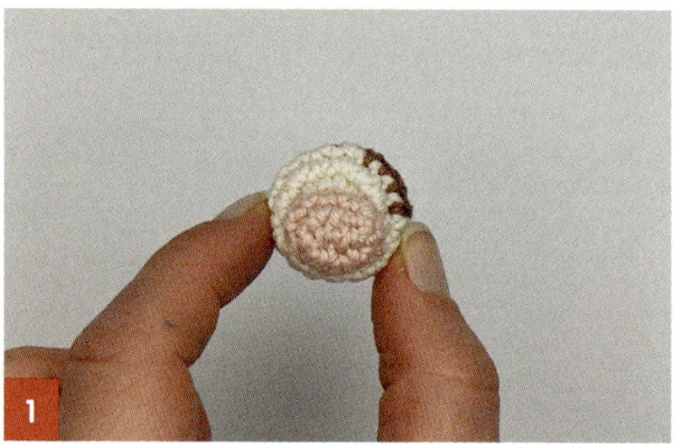

1

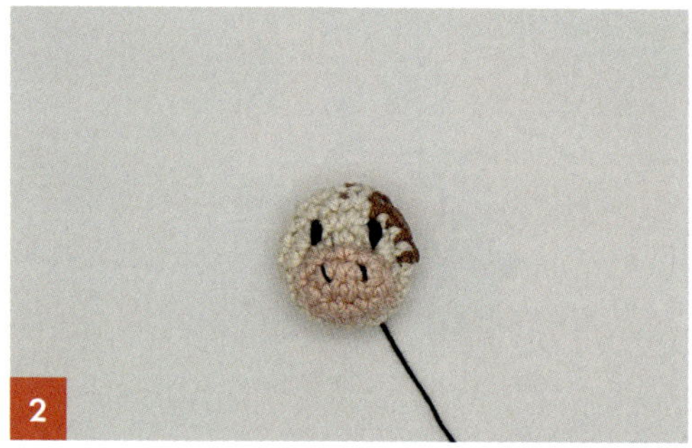

2

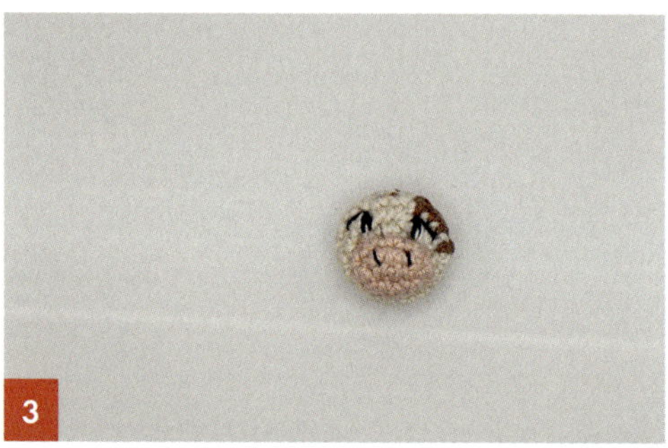

3

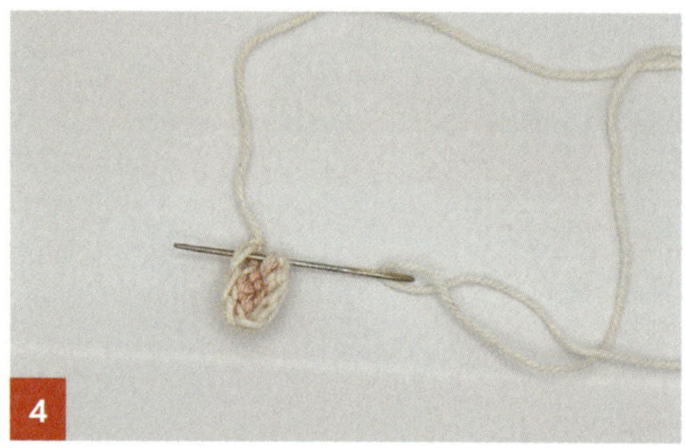

4

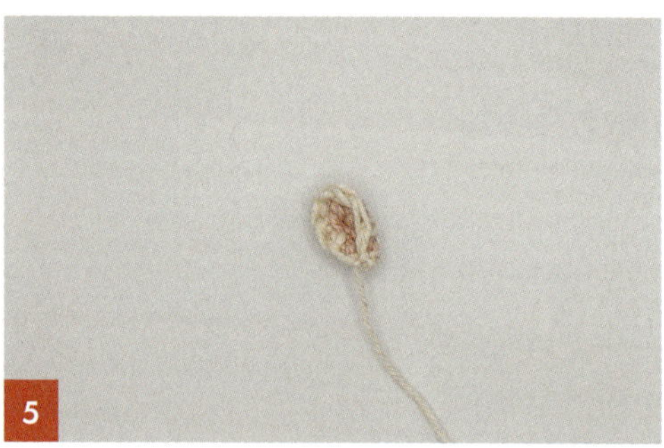

5

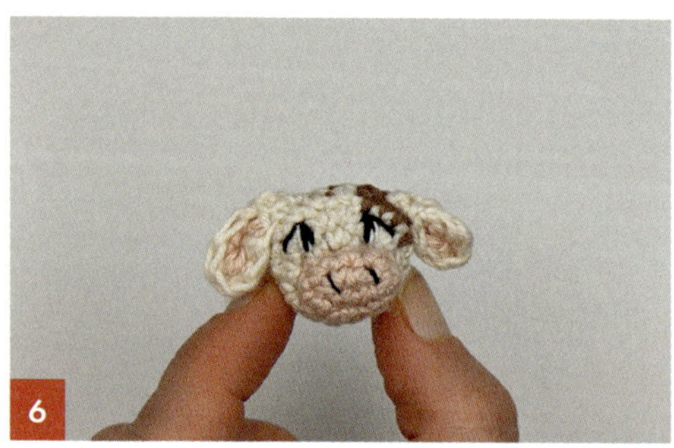

6

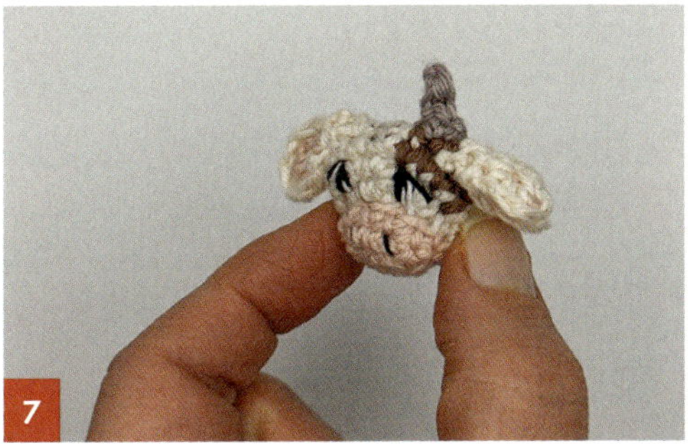
7

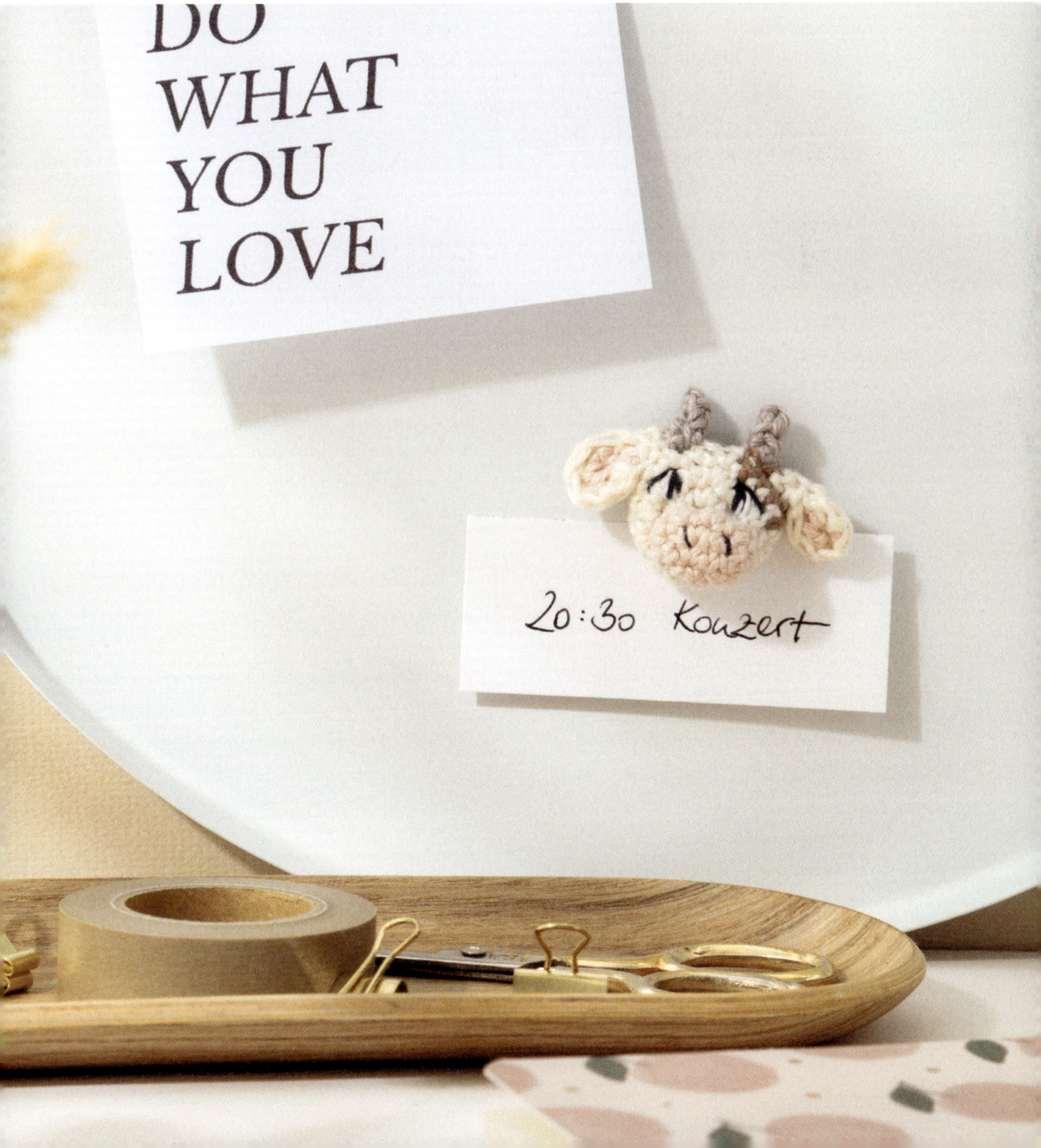
DO
WHAT
YOU
LOVE
20:30 Konzert

Reißzwecken

Flower Power

Schwierigkeit

Größe 3 cm

Material

- Schachenmayr Catania (100 % Baumwolle, LL 125 m/50 g) in
  - Crème (Fb 130), ein Rest
  - Honig (Fb 206), ein Rest
  - Sonne (Fb 208), ein Rest
  - Deep Amber (Fb 438), ein Rest
  - Vanille (Fb 403), ein Rest
  - Kirsche (Fb 424), ein Rest
- Reißzwecken
- Häkelnadel 2,5 mm
- Stopfnadel zum Vernähen
- Maschenmarkierer
- Schere

GÄNSEBLÜMCHEN

BLÜTENSTEMPEL (in Honig)

Häkle in Spiral-Rd.

1. Rd: 8 fM in einen Fadenring häkeln. [8]

2.–3. Rd: 8 fM häkeln.

Den Faden lang abschneiden.

BLÜTEN (in Crème)

Häkle in Spiral-Rd. Nimm den Faden im vorderen M-Glied aus Rd 3 des Blütenstempels auf. Stich dabei von oben ein (Bild 1) und häkle wie folgt weiter:

1. Rd: alles ivM, 3 Lm und 4 Stb in 1 M, 1 Km in die nächste M, *5 Stb in 1 M, 1 Km in die nächste M*, von * bis * noch 2 x wdh. [24] (Bild 2–3)

Den Faden abschneiden und vernähen. Die Reißzwecke anschließend mit der Spitze nach außen in den Blütenstempel legen (Bild 4). Den Faden des Blütenstempels durch die übrig gebliebenen hinteren M-Glieder fädeln, festziehen und die verbleibende Öffnung mit wenigen Stichen zunähen (Bild 5).

SONNENBLUME

BLÜTENSTEMPEL (in Deep Amber)

Häkle hier wie beim Blütenstempel des Gänseblümchens.

BLÜTEN (in Sonne)

Häkle in Spiral-Rd. Nimm den Faden im vorderen M-Glied aus Rd 3 des Blütenstempels auf. Stich dabei von oben ein und häkle wie folgt weiter:

1. Rd: alles ivM, *1 fM, 1 hStb, 3 Stb, 1 hStb und 1 Km in 1 M*, von * bis * noch 7 x wdh. [64]

Den Faden abschneiden und vernähen. Die Reißzwecke mit der Spitze nach oben in den Blütenstempel schieben und die Öffnung wie beim Gänseblümchen schließen.

LILIE

BLÜTENSTEMPEL (in Vanille)

Häkle hier wie beim Blütenstempel des Gänseblümchens.

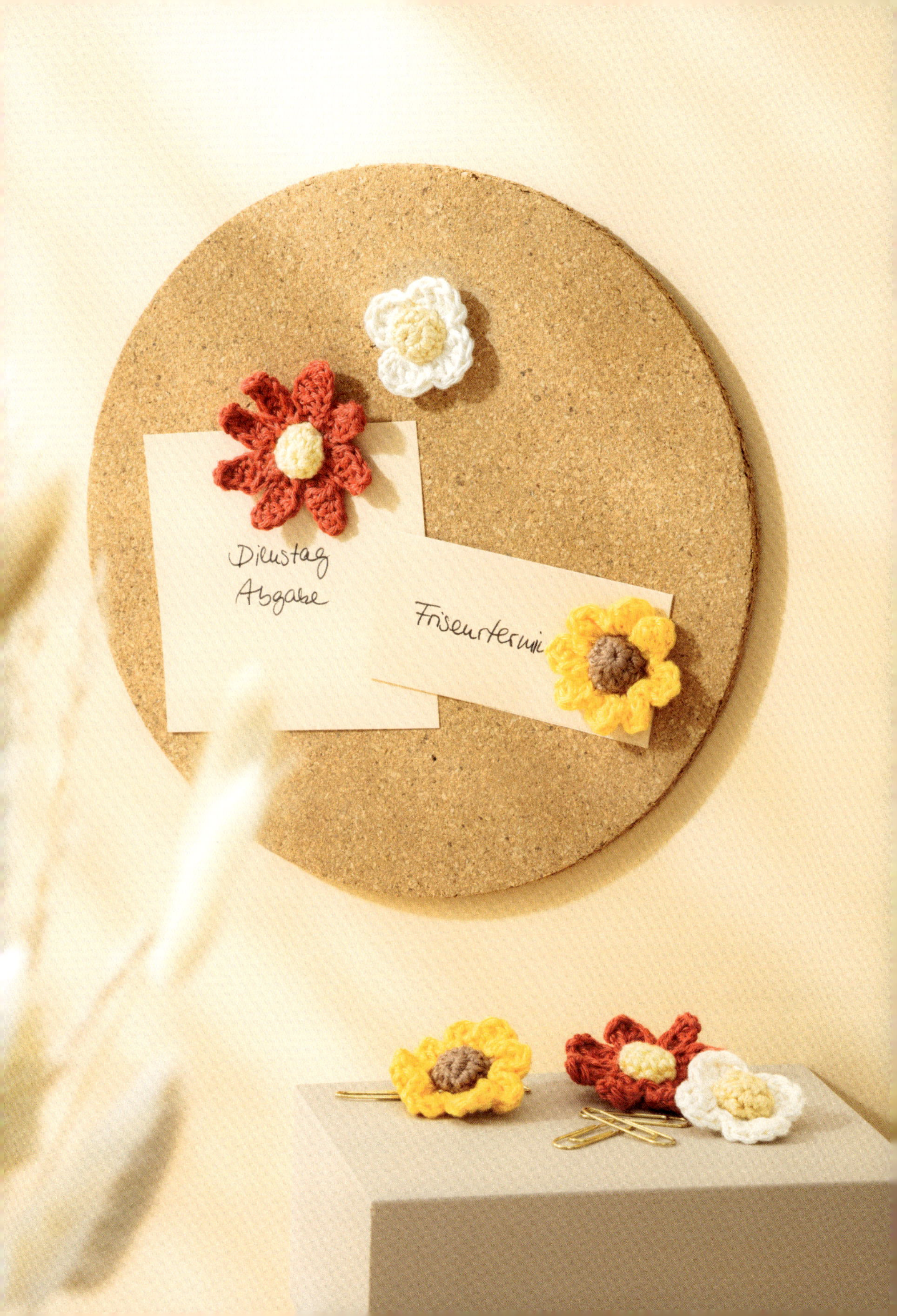
Dienstag
Abgabe
Friseurtermin

BLÜTEN (in Kirsche)

Häkle in Spiral-Rd. Nimm den Faden im vorderen M-Glied aus Rd 3 des Blütenstempels auf. Stich dabei von oben ein und häkle wie folgt weiter:

1. Rd: alles ivM, *1 Km, 6 Lm, in die 3. Lm von der Nd aus einstechen und 2 hStb und 2 Stb entlang der Lm-Kette häkeln, 1 Km direkt unter die Blüte*, von * bis * noch 7x wdh. [48]

Den Faden abschneiden und vernähen. Die Reißzwecke mit der Spitze nach oben in den Blütenstempel schieben und die Öffnung wie beim Gänseblümchen schließen.

Hinweis: Möchtest du dir eine kunterbunte Blumenwiese für deine Pinnwand häkeln, ändere die Farben der Blüten einfach genau nach deinem Geschmack. Pinne dann jede Blume nebeneinander fest und bestaune deine Flower-Power-Pinnwand.

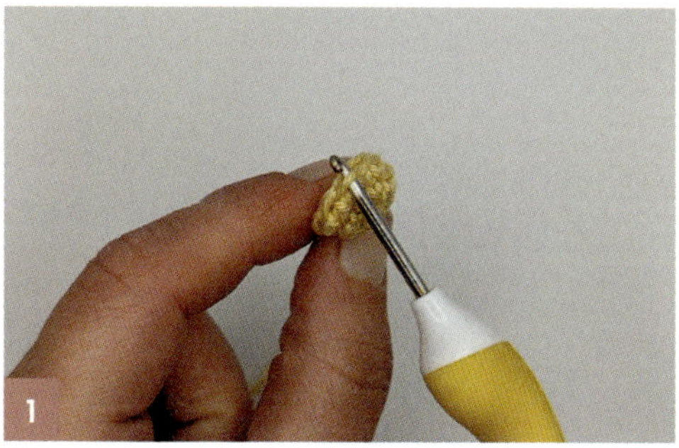
1

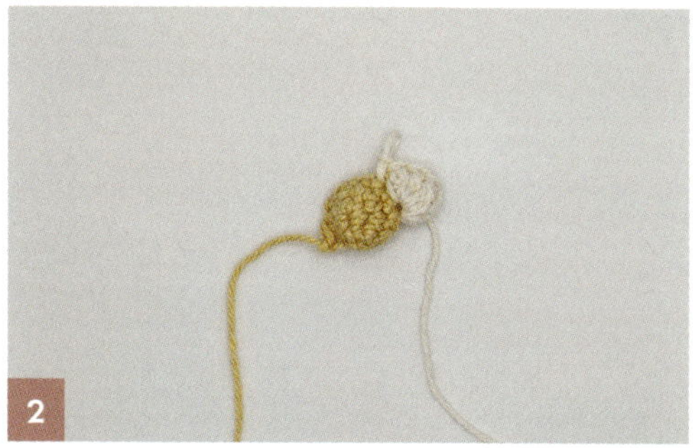
2

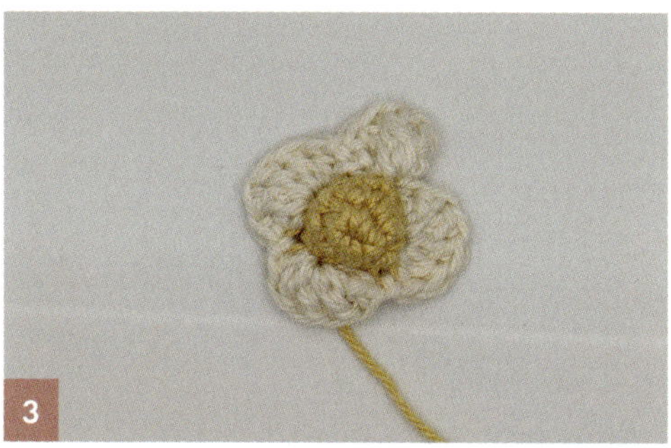
3

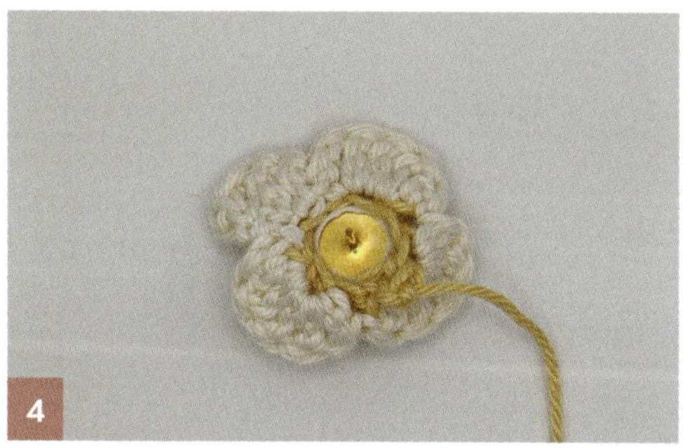
4

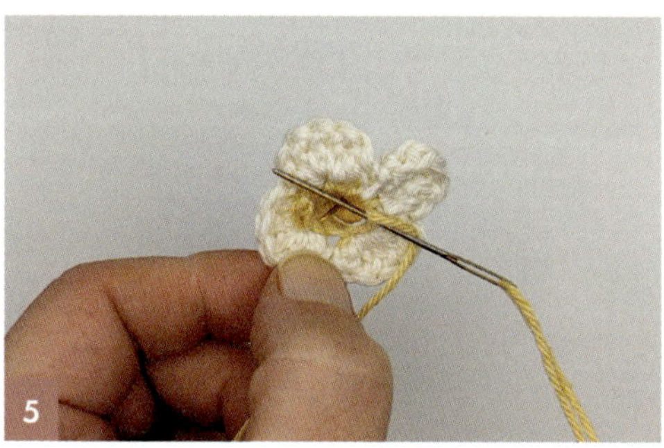
5

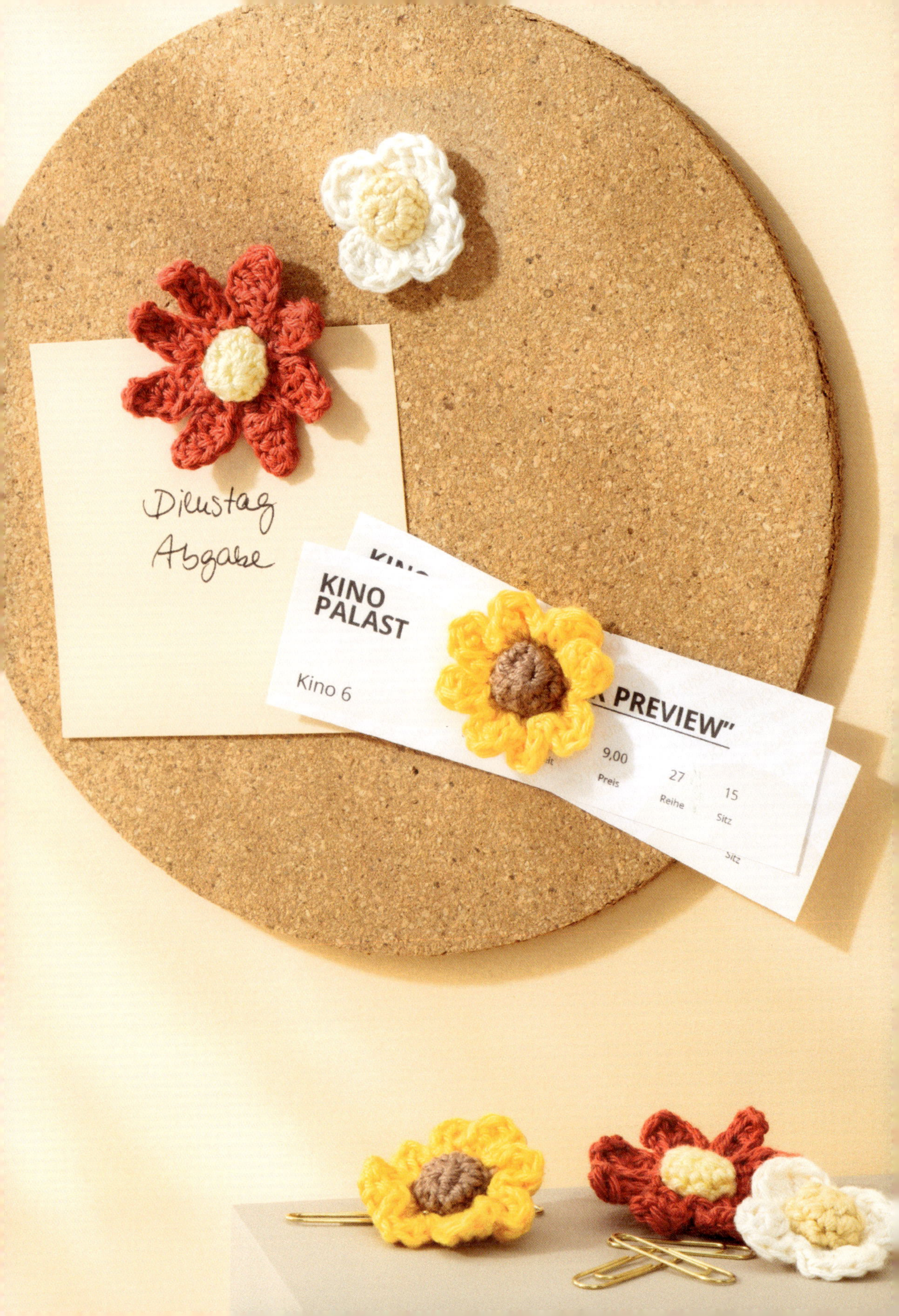
Dienstag
Abgabe
KINO
PALAST
Kino 6
PREVIEW"
9,00
Preis
27
Reihe
15
Sitz

Fröhliche Kabelbinder

Schwierigkeit

Größe 24 cm

Material

- Schachenmayr Catania (100 % Baumwolle, LL 125 m/50 g) in
  - Terracotta (Fb 388), 10 g
  - Gold (Fb 249), 10 g
  - Khaki (Fb 212), 10 g
- Häkelnadel 2,5 mm
- Stopfnadel zum Vernähen
- Maschenmarkierer
- Schere

VORBEREITUNGEN

Bei allen drei Anleitungen wird der Faden doppelt genommen. Du häkelst also mit zwei Fäden gleichzeitig. Dazu wickelst du vorher ca. 5 g von deinem Knäuel in der entsprechenden Farbe ab. Nimm zwei Fäden gleichzeitig auf die Nadel und beginne mit der Anleitung.

HERZ (in Terracotta)

Häkle in Spiral-Rd. Schlage 4 Lm an, stich in die 1. Lm ein und häkle 1 Km, um die Lm-Kette zu einem Ring zu schließen. Häkle wie folgt in den Ring hinein:

1. Rd: 3 Stb, 3 hStb, 2 Stb, 3 hStb, 4 Stb, mit 1 Km in den Ring beenden. [15]

2. Rd: 3 x 1 Stb zun, 3 x 1 hStb zun, 2 x 1 Stb zun, 3 x 1 hStb zun, 3 x 1 Stb zun, 2 Lm und mit 1 Km in das letzte Stb beenden. [28]

Den Faden abschneiden und vernähen.

ANHÄNGER (in Terracotta)

Häkle in R. Nimm den Faden an der unteren Spitze des Herzens auf. Stich dabei von oben ein (Bild 1). Schlage 70 Lm an, überspringe 15 Lm und stich in die 16. Lm ein (Bild 2). Häkle 55 fM entlang der Lm-Kette (Bild 3). Mit 1 Km beenden, den Faden abschneiden und im Herz vernähen. Wickle die Schnur um dein Kabel, den Lm-Ring anschließend über das Herz stülpen (Bild 4–5).

STERN (in Gold)

Häkle in Spiral-Rd.

1. Rd: 5 fM in einen Fadenring häkeln. [5]

2. Rd: 5 x 1 M zun. [10]

3. Rd: * 1 fM, 1 M zun*, von * bis * noch 4 x wdh. [15]

4. Rd: * 1 Km, 1 hStb, 3 Stb und 1 hStb in 1 M, 1 Km*, von * bis * noch 4 x wdh. [35] (Bild 6–8)

Den Faden abschneiden und vernähen.

ANHÄNGER (in Gold)

Häkle in R. Nimm den Faden unterhalb des Sterns zwischen zwei Spitzen auf. Häkle ab hier wie beim Anhänger des Herzens.

KLEEBLATT (in Khaki)

Häkle in Spiral-Rd. Schlage 6 Lm an, stich in die 1. Lm ein und häkle 1 Km, um die Lm-Kette zu einem Ring zu schließen. Häkle wie folgt in den Ring hinein:

1. Rd: *3 Lm, 3 Stb, 3 Lm, 1 Km*, von * bis * noch 3 x wdh. [16]

(Bild 9–10) Den Faden abschneiden.

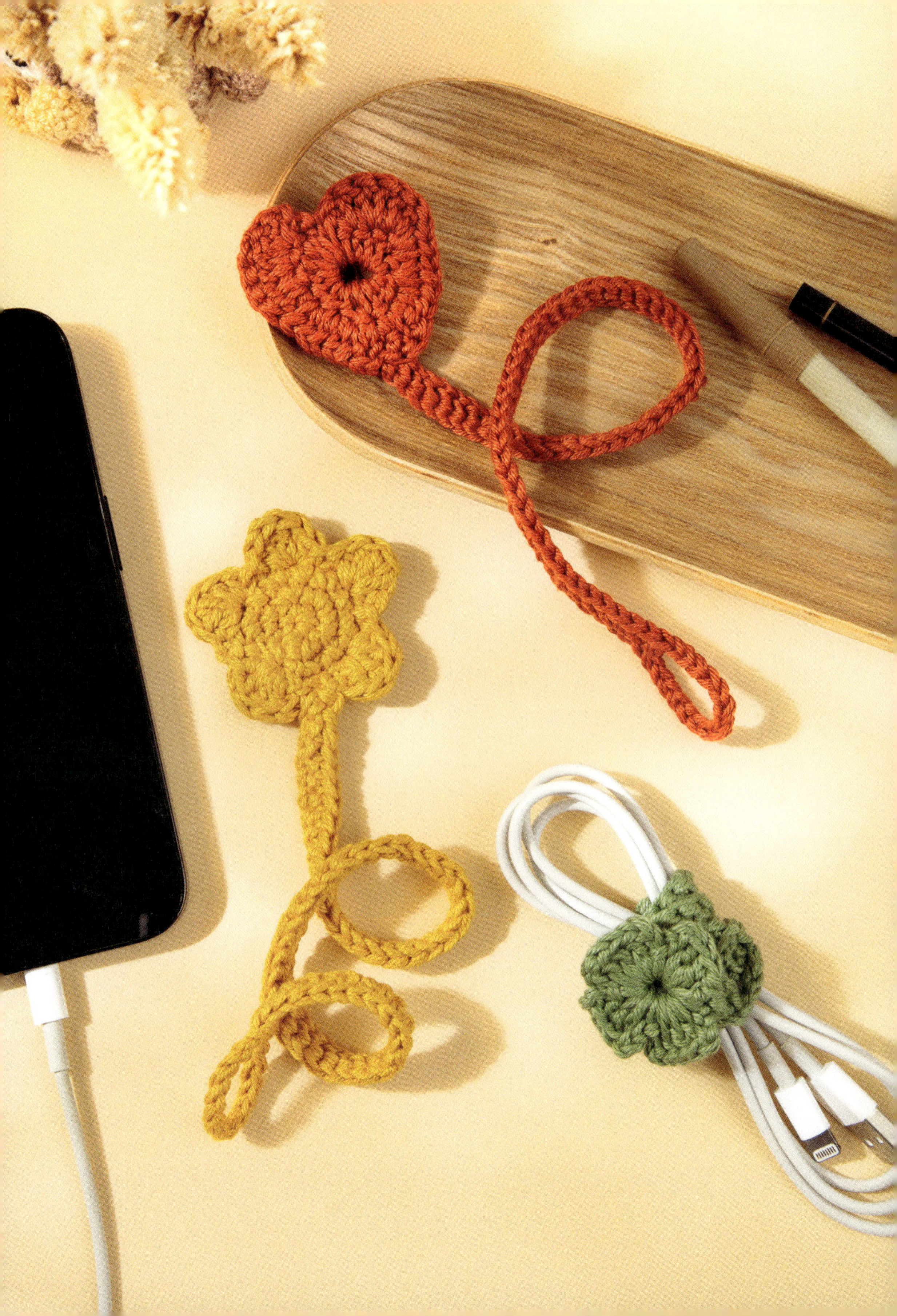

ANHÄNGER (in Khaki)

Häkle in R. Schlage 70 Lm an, überspringe 10 Lm und stich in die 11. Lm ein. Häkle 60 fM entlang der Lm-Kette. Den Faden abschneiden und im Kleeblatt vernähen (Bild 11). Wickle die Schnur um dein Kabel und stülpe den Lm-Ring über das Kleeblatt.

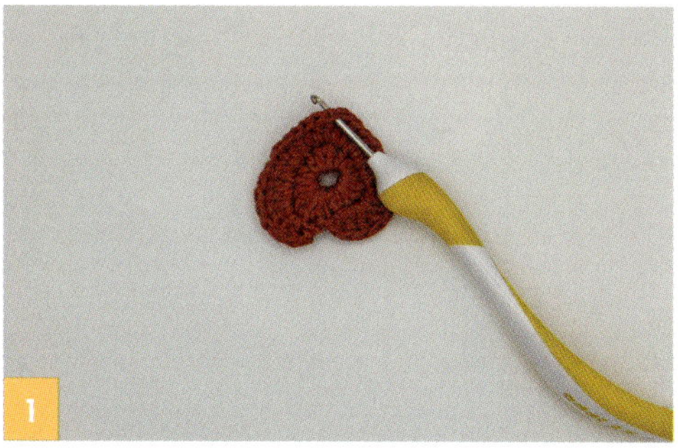

1

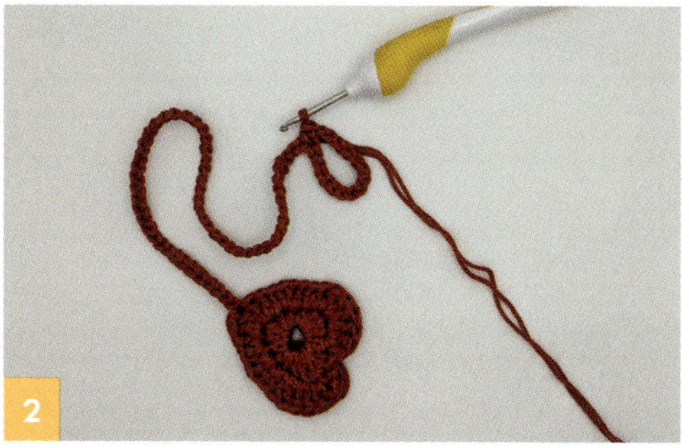

2

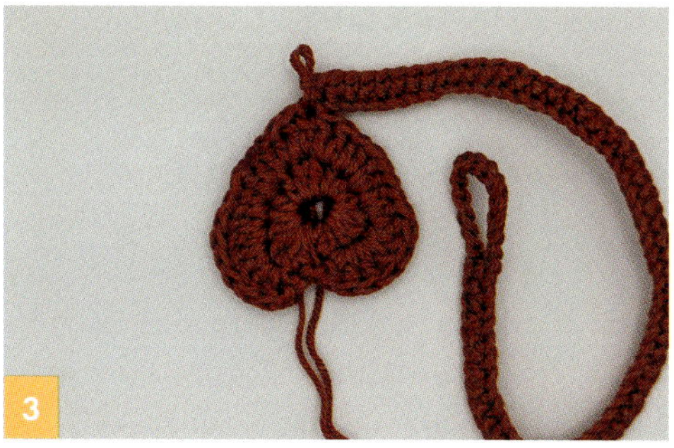

3

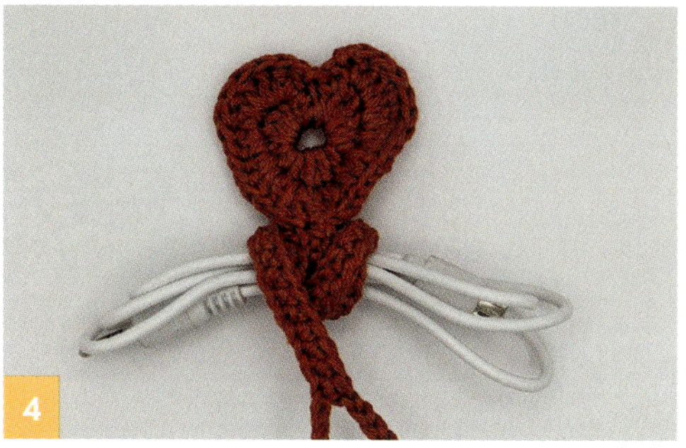

4

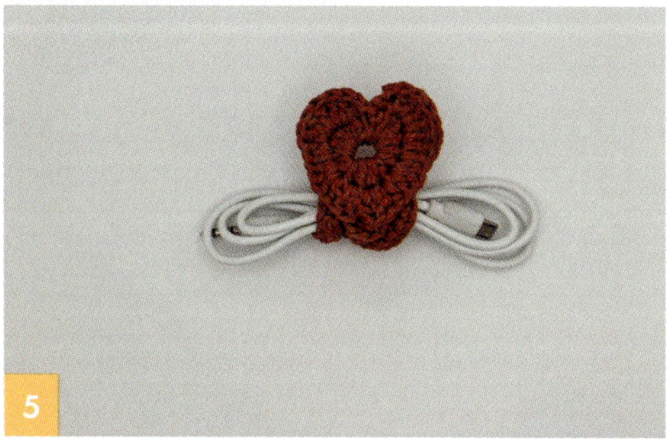

5

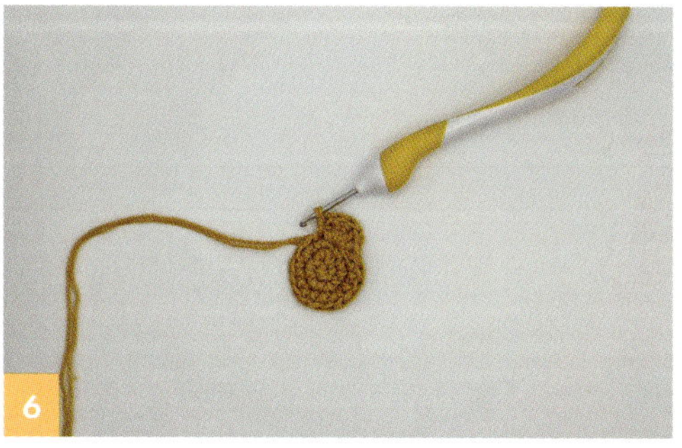

6

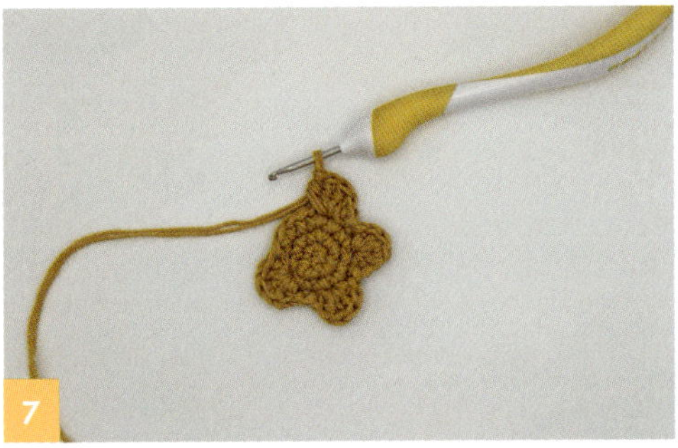
7

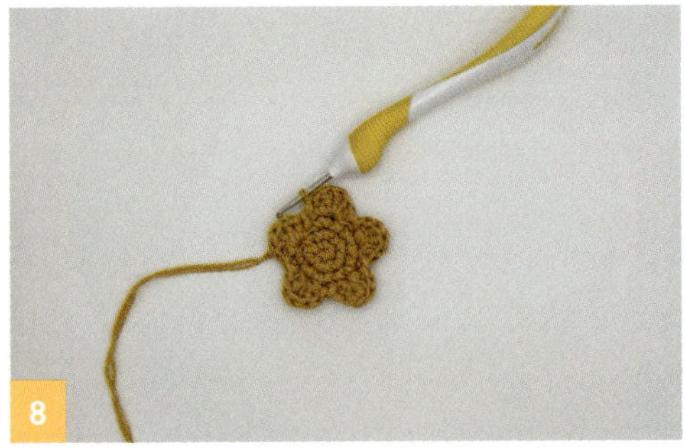
8

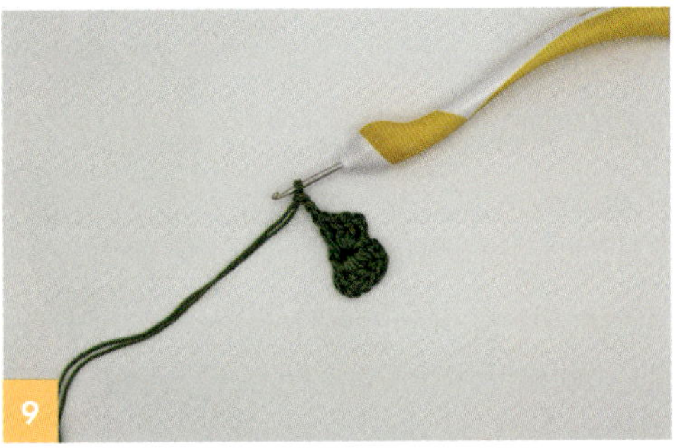
9

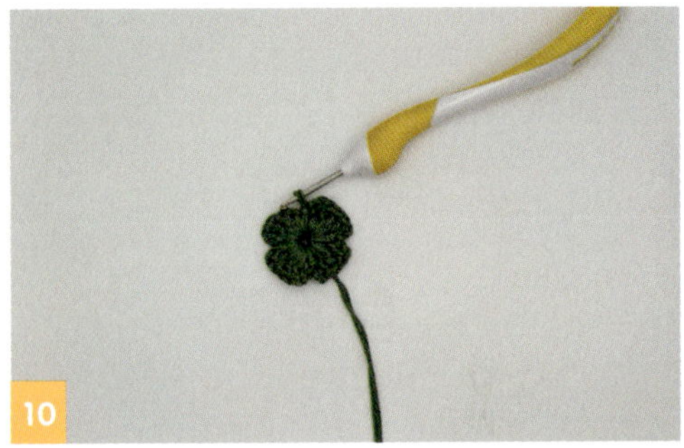
10

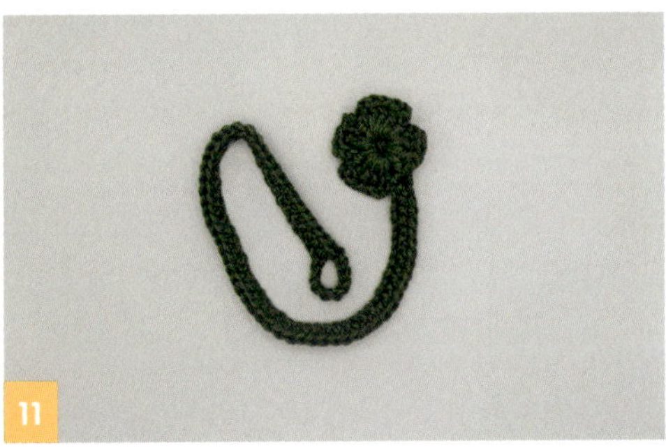
11

Kopfhörer-Case

Kathrin Küken

Schwierigkeit ●●○

Größe 6 cm

Material

- Schachenmayr Catania (100 % Baumwolle, LL 125 m/50 g) in
  - Honig (Fb 206), 15 g
  - Mango (Fb 411), 5 g
  - Altrosa (Fb 408), ein Rest
- Filetgarn in Schwarz und Weiß
- 2 Tieraugen Halbperlen ⌀ 6 mm
- Häkelnadel 2,5 mm
- Stopfnadel zum Vernähen
- Maschenmarkierer
- Stecknadeln
- Schere

Hinweis: Die folgenden Anweisungen beziehen sich auf ein Kopfhörer-Case mit einer Höhe von 5,3 cm, einer Breite von 4,4 cm und einer Tiefe von 2 cm. Diese Maße finden sich bei den meisten Cases für kabellose Kopfhörer. Sollte deines jedoch größer sein, hast du die Möglichkeit, die einzelnen Rd entsprechend anzupassen. Beginne im unteren Teil mit entsprechend mehr Lm (die Lm-Kette sollte so lang sein wie dein Case). Passe dann die ersten beiden Rd entsprechend deiner Anzahl Lm an. Die Zunahmen befinden sich immer am Ende deines Häkelstücks.

KÖRPER
UNTERTEIL (in Honig)

Häkle in Spiral-Rd. Schlage 13 Lm an, stich in die 2. Lm von der Nd aus ein und häkle wie folgt um die Lm-Kette herum:

1. Rd: 11 fM, 3 fM in 1 M, weiter auf der anderen Seite der Lm-Kette, 10 fM, 1 M zun. [26]

2. Rd: *1 M zun, 12 fM*, von * bis * noch 1 x wdh. [28]

3.–13. Rd: 28 fM häkeln.

Den Faden abschneiden und vernähen. Den unteren Teil über das Case stülpen.

DECKEL (in Honig)

Häkle in Spiral-Rd. Schlage 13 Lm an, stich in die 2. Lm von der Nd aus ein und häkle wie folgt um die Lm-Kette herum:

1. Rd: 11 fM, 3 fM in 1 M, weiter auf der anderen Seite der Lm-Kette, 10 fM, 1 M zun. [26]

2. Rd: *1 M zun, 12 fM*, von * bis * noch 1 x wdh. [28]

3. Rd: *1 M zun, 13 fM*, von * bis * noch 1 x wdh. [30]

4.–8. Rd: 30 fM häkeln.

Den Faden lang abschneiden und diesen zur hinteren Mitte des Häkelstücks fädeln. Den Deckel über das Case stülpen und auf der Rückseite sechs der gegenüberliegenden M zusammennähen, um ihn mit dem Oberteil zu verbinden.

SCHNABEL (in Mango)

Den Schnabel nicht mit Füllwatte ausstopfen. Häkle in Spiral-Rd. Schlage 6 Lm an, stich in die 2. Lm von der Nd aus ein und häkle wie

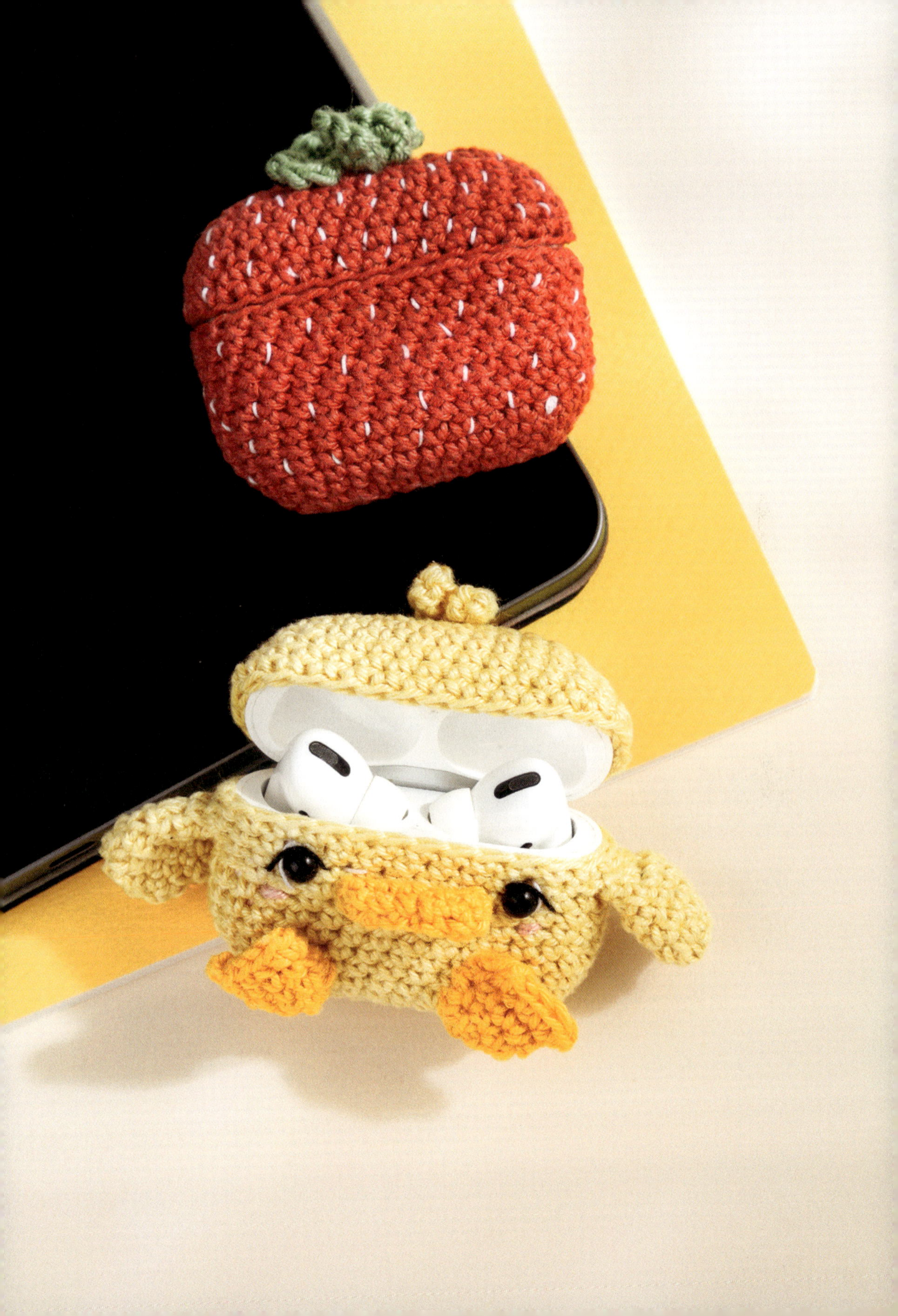

folgt um die Lm-Kette herum:

1. Rd: 4 fM, 3 fM in 1 M, weiter auf der anderen Seite der Lm-Kette, 3 fM, 1 M zun. [12]

2. Rd: 12 fM häkeln.

Häkle eine weitere fM. Das Ende falten, durch die gegenüberliegenden M der 2. Rd stechen und diese mit 6 fM zusammenhäkeln. Den Faden lang abschneiden und damit den Schnabel zwischen Rd 10 und 11 mittig auf dem unteren Teil des Körpers festnähen (Bild 1).

FÜSSE (2 x in Mango)

Die Füße nicht mit Füllwatte ausstopfen. Häkle in Spiral-Rd.

1. Rd: 6 fM in einen Fadenring häkeln. [6]

2. Rd: *2 fM, 1 M zun*, von * bis * noch 1 x wdh. [8]

3. Rd: 8 fM häkeln.

4. Rd: *3 fM, 1 M zun*, von * bis * noch 1 x wdh. [10]

Das Ende falten, durch die gegenüberliegenden M der 4. Rd stechen und diese mit 5 fM zusammenhäkeln (Bild 2–3). Den Faden lang abschneiden und zum späteren Annähen zurück zu Rd 1 fädeln. Die Füße mit 2 Rd Abstand zum Schnabel und 4 fM Abstand am Körper festnähen (Bild 4).

FLÜGEL (2 x in Honig)

Die Flügel nicht mit Füllwatte ausstopfen. Häkle in Spiral-Rd. Schlage 5 Lm an, stich in die 2. Lm von der Nd aus ein und häkle wie folgt um die Lm-Kette herum:

1. Rd: 3 fM, 3 fM in 1 M, weiter auf der anderen Seite der Lm-Kette, 2 fM, 1 M zun. [10]

2. Rd: *1 M zun, 4 fM*, von * bis * noch 1 x wdh. [12]

3. Rd: 12 fM häkeln.

4. Rd: *4 fM, 1 M abn*, von * bis * noch 1 x wdh. [10]

Das Ende falten, durch die gegenüberliegenden M der 4. Rd stechen und diese mit 5 fM zusammenhäkeln. Den Faden lang abschneiden und die Flügel zwischen Rd 12 und 13 seitlich am Körper festnähen.

LOCKEN (in Honig)

Häkle in R. Schlinge den Faden an Rd 1 des Oberteils an und fixiere ihn mit 1 Km. Der Schnabel zeigt dabei zu dir hin. Schlage 4 Lm an, stich in die 2. Lm von der Nd aus ein und häkle 3 x 1 M zun entlang der Lm-Kette. Eine Km zurück in das Oberteil häkeln. Für die zweite Locke wdh (5–8). Den Faden abschneiden und vernähen.

Gesicht fertigstellen

Klebe die Augen 1 M neben dem Schnabel auf. Sobald alles getrocknet ist, das Augenweiß mit weißem Filetgarn direkt neben den Augen aufsticken. Das Augenlid mit schwarzem Filetgarn direkt über die Augen sticken. Die Wangen in Altrosa 1 fM unter den Augen anbringen, dazu 2 x einstechen.

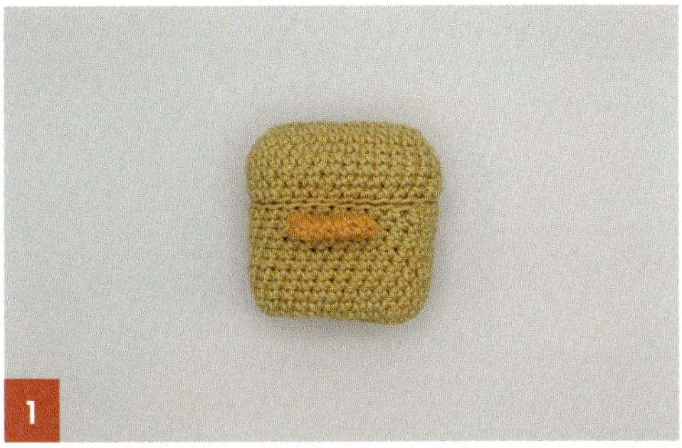
1

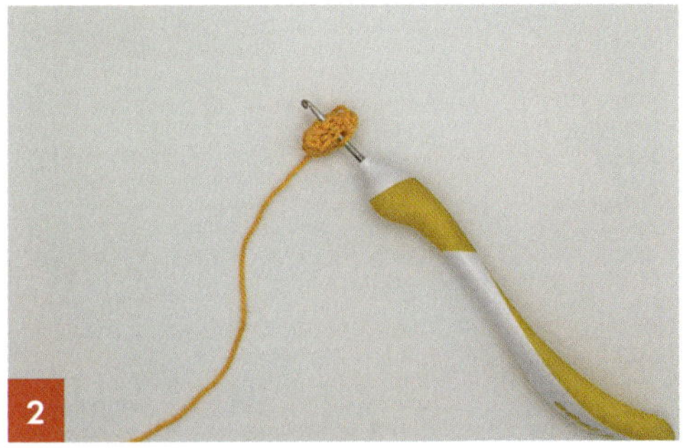
2

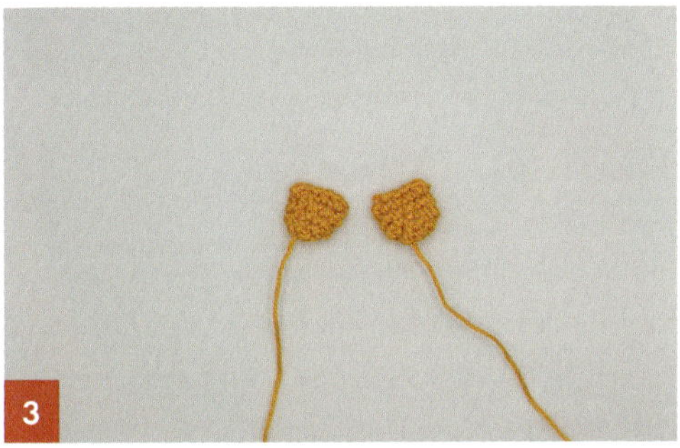
3

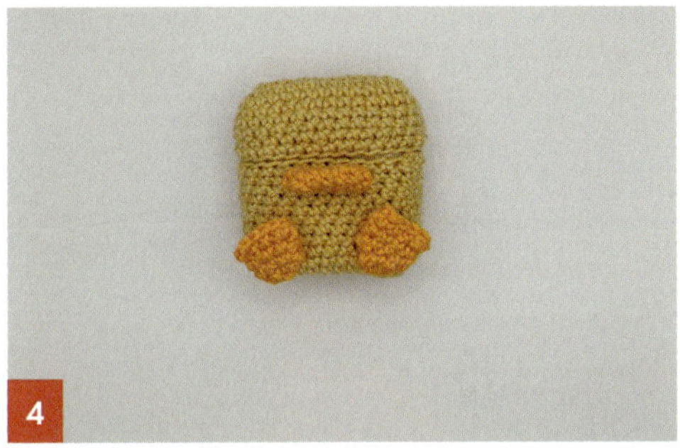
4

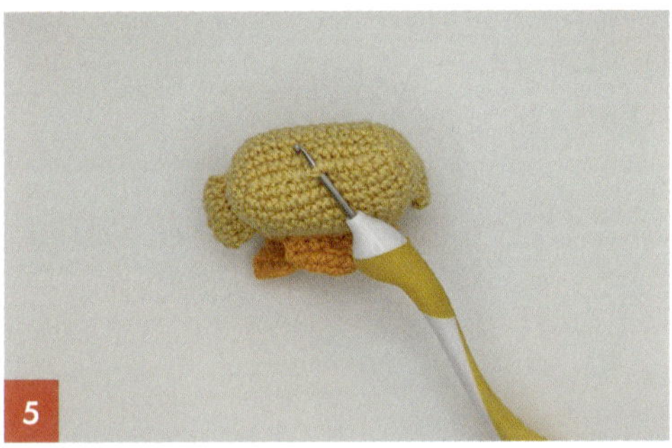
5

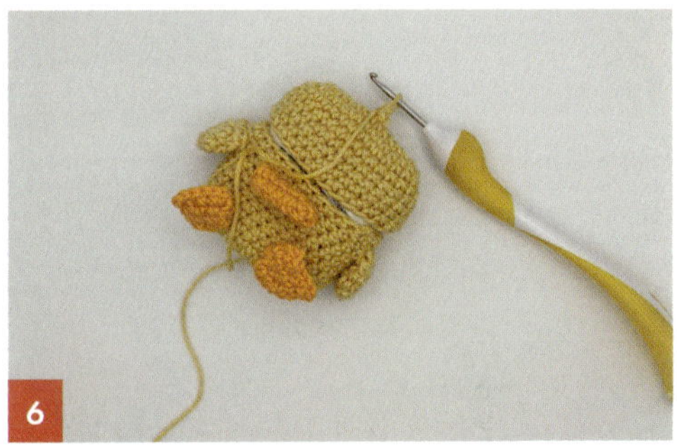
6

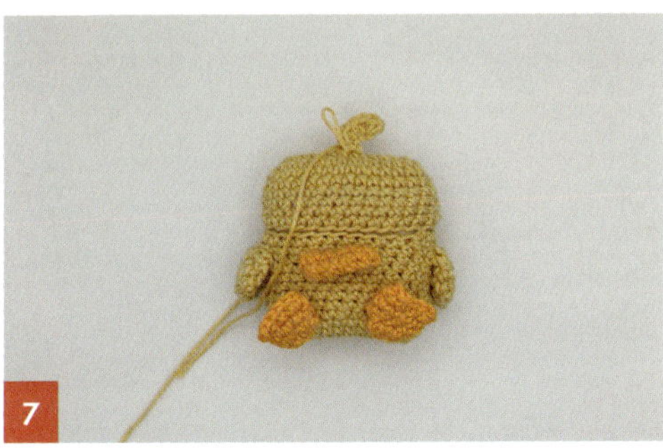
7

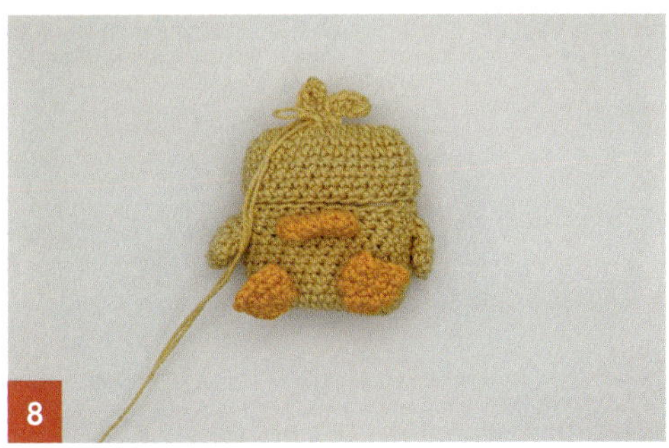
8

Erdbeerzauber

Schwierigkeit

Größe 6 cm

Material

- Schachenmayr Catania (100 % Baumwolle, LL 125 m/50 g) in
  - Kirsche (Fb 424), 15 g
  - Khaki (Fb 212), 5 g
- Filetgarn in Weiß
- Häkelnadel 2,5 mm
- Stopfnadel zum Vernähen
- Maschenmarkierer
- Stecknadeln
- Schere

Hinweis: Die folgenden Anweisungen beziehen sich auf ein Kopfhörer-Case mit einer Höhe von 5,3 cm, einer Breite von 4,4 cm und einer Tiefe von 2 cm. Diese Maße finden sich bei den meisten Cases für kabellose Kopfhörer. Sollte deines jedoch größer sein, hast du die Möglichkeit, die einzelnen Rd entsprechend anzupassen. Beginne im unteren Teil mit entsprechend mehr Lm (die Lm-Kette sollte so lang sein wie dein Case). Passe dann die ersten beiden Rd entsprechend deiner Anzahl Lm an. Die Zunahmen befinden sich immer am Ende deines Häkelstücks.

UNTERTEIL (in Kirsche)

Häkle in Spiral-Rd. Schlage 13 Lm an, stich in die 2. Lm von der Nd aus ein und häkle wie folgt um die Lm-Kette herum:

1. Rd: 11 fM, 3 fM in 1 M, weiter auf der anderen Seite der Lm-Kette, 10 fM, 1 M zun. [26]

2. Rd: *1 M zun, 12 fM*, von * bis * noch 1 x wdh. [28]

3.–13. Rd: 28 fM häkeln.

Den Faden abschneiden und vernähen. Das Unterteil über das Case stülpen.

DECKEL (in Kirsche)

Häkle in Spiral-Rd. Schlage 13 Lm an, stich in die 2. Lm von der Nd aus ein und häkle wie folgt um die Lm-Kette herum:

1. Rd: 11 fM, 3 fM in 1 M, weiter auf der anderen Seite der Lm-Kette, 10 fM, 1 M zun. [26]

2. Rd: *1 M zun, 12 fM*, von * bis * noch 1 x wdh. [28]

3. Rd: *1 M zun, 13 fM*, von * bis * noch 1 x wdh. [30]

4.–8. Rd: 30 fM häkeln.

Den Faden lang abschneiden und diesen anschließend zur hinteren Mitte des Häkelstücks fädeln. Den Deckel über das Case stülpen und auf der Rückseite sechs der gegenüberliegenden M zusammennähen, um ihn mit dem Oberteil zu verbinden (Bild 1–3).

BLÄTTER (in Khaki)

Schlage 4 Lm an, stich in die 2. Lm von der Nd aus ein und häkle 3 x 1 M zun entlang der Lm-Kette. *Ohne abzuketten, 4 Lm anschlagen und 3 x 1 M zun entlang der Lm-Kette häkeln*. Von * bis * noch 4 x wdh. So insgesamt 6 Blätter häkeln (Bild 4). Mit 1 Km in das erste Blatt enden und so die Blätter zu einem Ring schließen (Bild 5). Den Faden lang abschneiden, durch die innen liegenden M-Glieder der Öffnung fädeln und zuziehen.

(Bild 6–7). Die Blätter mittig auf dem Deckel des Cases festnähen. Anschließend für die Kerne mit weißem Filetgarn über je 1 fM hoch Rückstiche aufsticken.

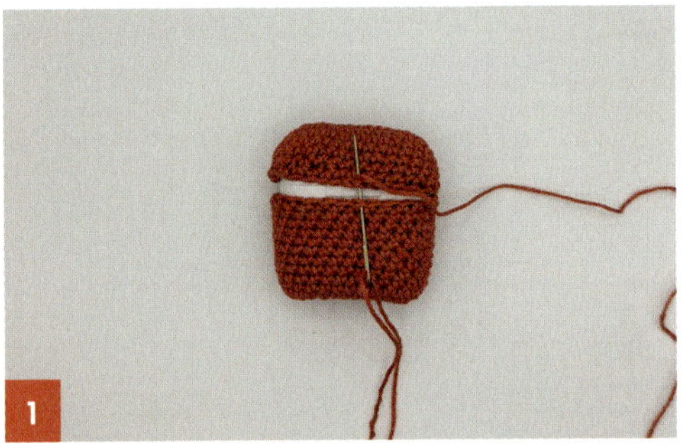

1

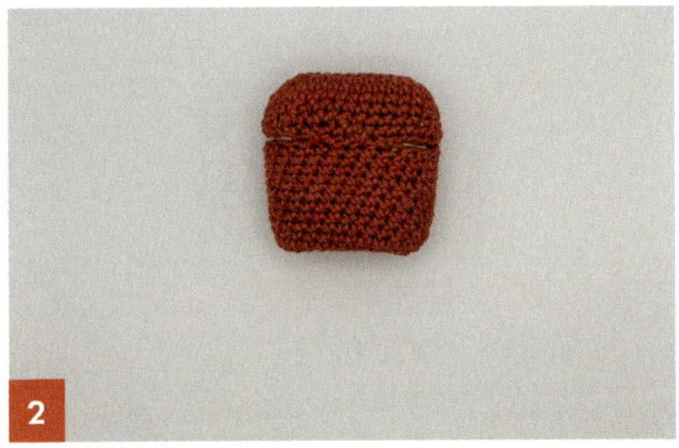

2

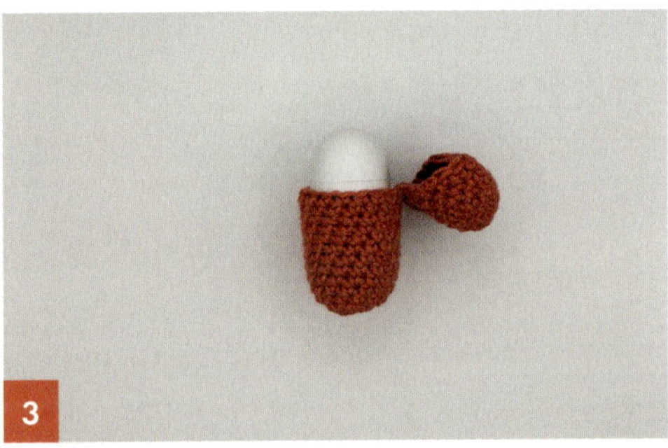

3

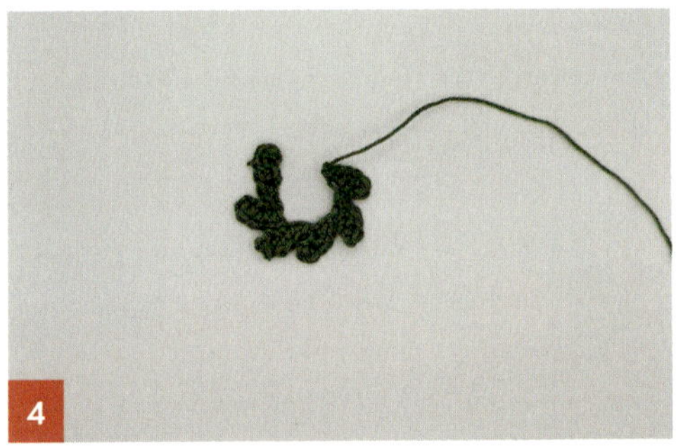

4

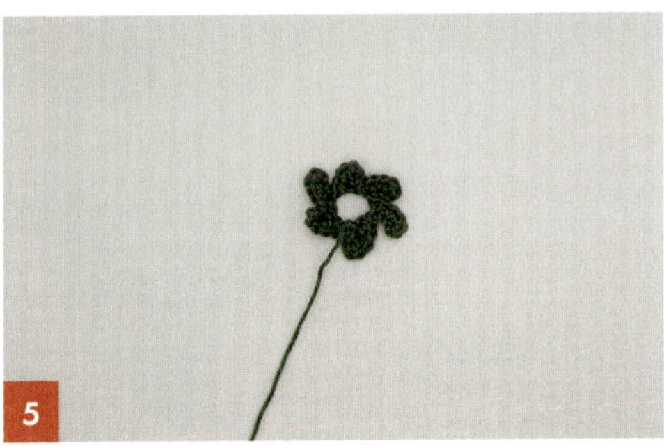

5

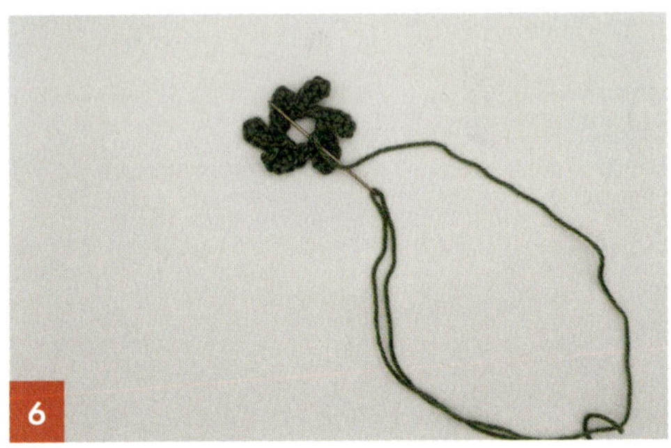

6

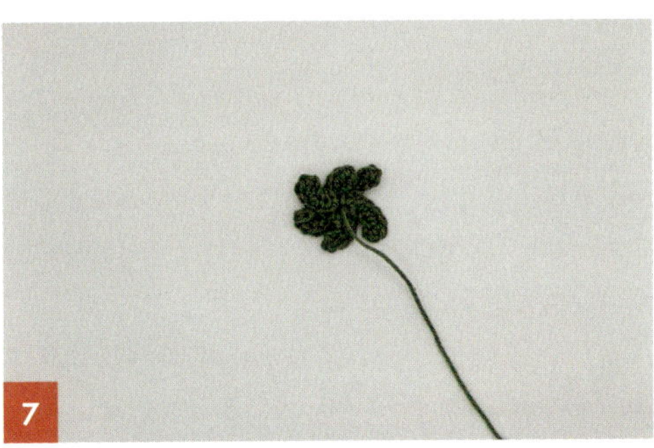

7

Schlüsselanhänger

Gunther Gans

Schwierigkeit

Größe 11 cm

Material

- Schachenmayr Catania (100 % Baumwolle, LL 125 m/50 g) in
  - Crème (Fb 130), 15 g
  - Mango (Fb 411), 5 g
  - Vintage (Fb 423), 5 g
  - Altrosa (Fb 408), ein Rest
- Filetgarn in Schwarz und Weiß
- 2 Sicherheitsaugen ø 6 mm
- 1 Schlüsselring mit Karabiner ø 25 mm
- Füllwatte
- Häkelnadel 2,5 mm
- Stopfnadel zum Vernähen
- Maschenmarkierer
- Stecknadeln
- Schere

KOPF UND KÖRPER (in Crème)

Häkle in Spiral-Rd.

1. Rd: 6 fM in einen Fadenring häkeln. [6]

2. Rd: 6 x 1 M zun. [12]

3. Rd: *1 fM, 1 M zun*, von * bis * noch 5 x wdh. [18]

4. Rd: *2 fM, 1 M zun*, von * bis * noch 5 x wdh. [24]

5.–10. Rd: 24 fM häkeln.

11. Rd: *2 fM, 1 M abn*, von * bis * noch 5 x wdh. [18]

Die Augen zwischen Rd 8 und 9 mit 5 fM Abstand befestigen. Beginne, den Kopf und Körper fortlaufend auszustopfen.

12. Rd: 9 x 1 M abn. [9]

13.–16. Rd: 9 fM häkeln.

17. Rd: 9 x 1 M zun. [18]

18.–23. Rd: 18 fM häkeln.

24. Rd: *1 fM, 1 M abn*, von * bis * noch 5 x wdh. [12]

25. Rd: 6 x 1 M abn. [6]

Den Faden abschneiden, durch die vorderen M-Glieder der letzten Rd fädeln, festziehen und den Faden vernähen.

SCHNABEL (in Mango)

Häkle in Spiral-Rd. Den Schnabel nicht mit Füllwatte ausstopfen. Schlage 4 Lm an, stich in die 2. Lm von der Nd aus ein und häkle wie folgt um die Lm-Kette herum:

1. Rd: 2 fM, 3 fM in 1 M, weiter auf der anderen Seite der Lm-Kette, 1 fM, 1 M zun. [8]

2. Rd: 8 fM häkeln.

Das Ende falten, durch die gegenüberliegenden M der 2. Rd stechen und diese mit 4 fM zusammenhäkeln. Den Faden lang abschneiden und den Schnabel zwischen den Augen festnähen.

FLÜGEL (2 x in Crème)

Häkle in Spiral-Rd. Die Flügel nicht mit Füllwatte ausstopfen. Schlage 4 Lm an, stich in die 2. Lm von der Nd aus ein und häkle wie folgt um die Lm-Kette herum:

1. Rd: 2 fM, 3 fM in 1 M, weiter auf der anderen Seite der Lm-Kette, 1 fM, 1 M zun. [8]

2. Rd: *1 M zun, 3 fM*, von * bis * noch 1 x

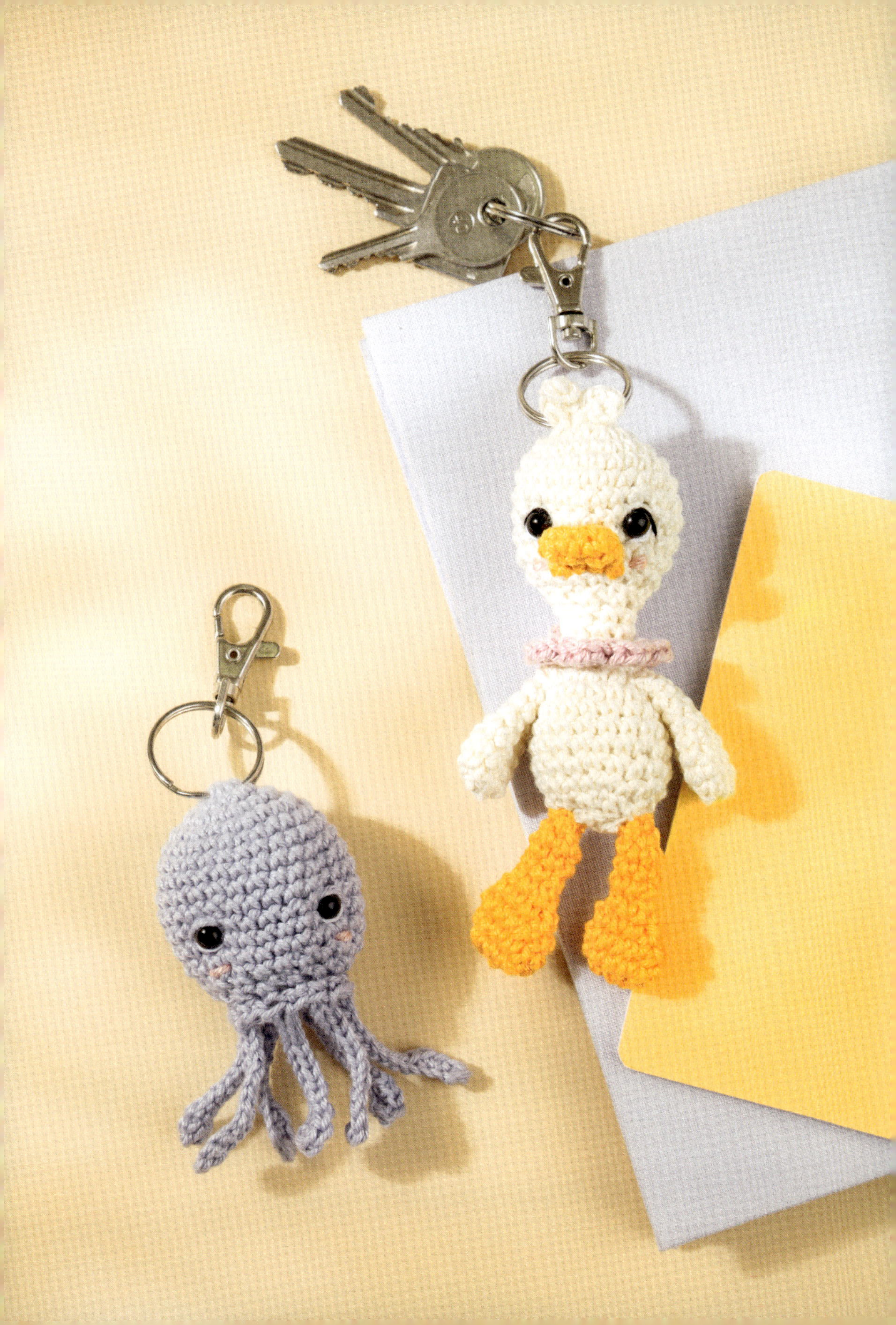

wdh. [10]
3.–4. Rd: 10 fM häkeln.
5. Rd: *3 fM, 1 M abn*, von * bis * noch 1 x wdh. [8]
6.–7. Rd: 8 fM häkeln.
8. Rd: *2 fM, 1 M abn*, von * bis * noch 1 x wdh. [6]
Das Ende falten, durch die gegenüberliegenden M der 8. Rd stechen und diese mit 3 fM zusammenhäkeln. Den Faden lang abschneiden und die Flügel zwischen Rd 16 und 17 seitlich am Körper festnähen.

BEINE (2 x in Mango)

Häkle in Spiral Rd. Die Beine nicht mit Füllwatte ausstopfen. Schlage 5 Lm an, stich in die 2. Lm von der Nd aus ein und häkle wie folgt um die Lm-Kette herum:
1. Rd: 3 fM, 3 fM in 1 M, weiter auf der anderen Seite der Lm-Kette, 2 fM, 1 M zun. [10]
2.–3. Rd: 10 fM häkeln.
4. Rd: *1 M abn, 3 fM*, von * bis * noch 1 x wdh. [8]
5. Rd: *1 M abn, 2 fM*, von * bis * noch 1 x wdh. [6]
6.–8. Rd: 6 fM häkeln.
Den Faden lang abschneiden, durch die vorderen M-Glieder der letzten Rd fädeln, festziehen und die Beine am Körper festnähen.

Gesicht fertigstellen

Das Augenweiß mit weißem Filetgarn direkt neben den Augen aufsticken. Das Augenlid mit schwarzem Filetgarn direkt über die Augen sticken. Die Wangen in Altrosa 1 Rd unter den Augen über 1 fM breit anbringen, dazu 2 x einstechen.

LOCKEN (in Crème)

Häkle in R. Nimm den Faden an Rd 2 des Kopfes auf und fixiere ihn mit 1 Km. Der Schnabel zeigt dabei zu dir hin (Bild 1). Schlage 3 Lm an, stich in die 2. Lm von der Nd aus ein und häkle 2 x 1 M zun entlang der Lm-Kette. Eine Km in den Kopf häkeln und das Ganze für die zweite Locke noch 1 x wdh. Mit 1 Km zurück in den Kopf beenden. Den Faden abschneiden und vernähen. (Bild 2)

KRAGEN (in Vintage)

Häkle in R. Schlage 18 Lm an, stich in die 3. Lm von der Nd aus ein und häkle wie folgt weiter:
1. R: *1 fM, 4 hStb in 1 M*, von * bis * noch 7 x wdh. [40]
Den Faden lang abschneiden. Den Kragen um den Hals legen und die Enden zusammennähen. Anschließend den Schlüsselring oben am Kopf befestigen.

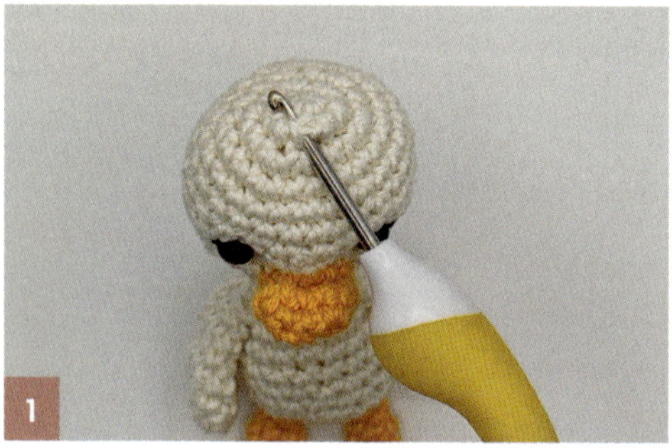
1

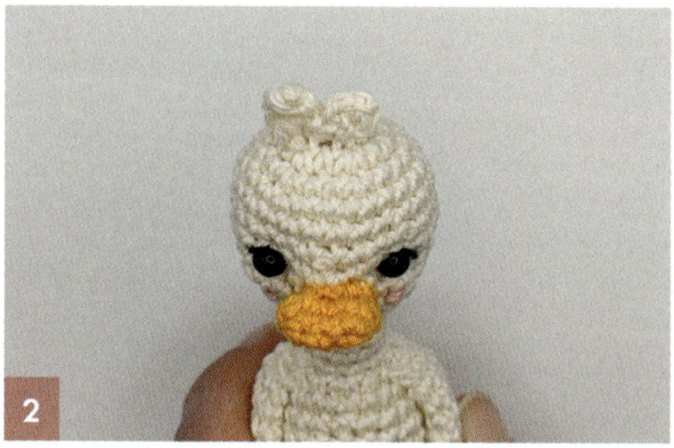
2

Otto Oktopus

Schwierigkeit
Größe 7 cm

Material

- Schachenmayr Catania (100 % Baumwolle, LL 125 m/50 g) in
  - Malve (Fb 399), 10 g
  - Altrosa (Fb 408), ein Rest
- Filetgarn in Schwarz und Weiß
- 2 Sicherheitsaugen ⌀ 6 mm
- 1 Schlüsselring mit Karabiner ⌀ 25 mm
- Füllwatte
- Häkelnadel 2,5 mm
- Stopfnadel zum Vernähen
- Maschenmarkierer
- Stecknadeln
- Schere

OKTOPUS (in Malve)

Häkle in Spiral-Rd. Den Körper fortlaufend mit Füllwatte ausstopfen.

1. Rd: 7 fM in einen Fadenring häkeln. [7]

2. Rd: 7 x 1 M zun. [14]

3. Rd: *1 fM, 1 M zun*, von * bis * noch 6 x wdh. [21]

4. Rd: *2 fM, 1 M zun*, von * bis * noch 6 x wdh. [28]

5.–12. Rd: 28 fM häkeln.

Die Augen zwischen Rd 10 und 11 mit 6 fM Abstand befestigen.

13. Rd: *2 fM, 1 M abn*, von * bis * noch 6 x wdh. [21]

14. Rd: *1 fM, 1 M abn*, von * bis * noch 6 x wdh. [14]

Ab hier folgen die Tentakel.

15. Rd: *1 fM ivM, 13 Lm, in die 2. Lm von der Nd aus einstechen, 2 x 1 M zun und 10 Km entlang der Lm-Kette häkeln, 1 fM ivM der nächsten M am Körper*, von * bis * noch 6 x wdh. [112]

Die nächste Rd wird in die verbliebenen hinteren M-Glieder der 15. Rd gehäkelt.

16. Rd: 14 fM ihM (Bild 1).

17. Rd: 7 x 1 M abn. [7]

Den Faden abschneiden, durch die vorderen M-Glieder der letzten Rd fädeln, festziehen und vernähen.

Gesicht fertigstellen

Das Augenweiß mit weißem Filetgarn direkt neben den Augen anbringen. Die Augenlider in Malve direkt über den Augen aufsticken, dabei 2 x einstechen. Die Wangen in Altrosa 1 Rd unter die Augen sticken, dabei 2 x einstechen. Anschließend den Schlüsselring oben am Kopf befestigen.

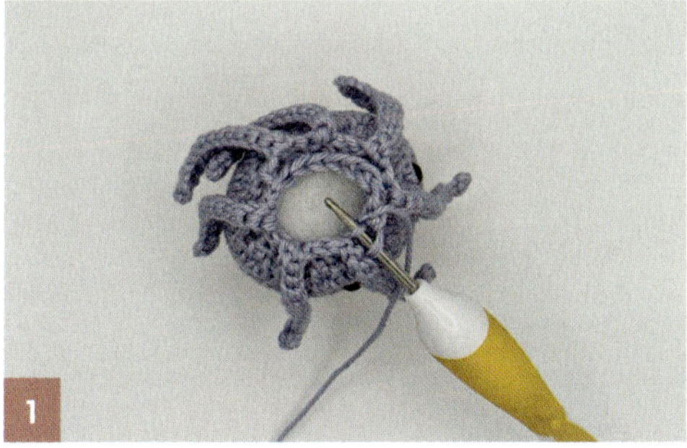
1

USB-Stick

Polly Panda

Schwierigkeit ⚬⚬⚬

Größe 10 cm

Material

- Schachenmayr Catania (100 % Baumwolle, LL 125 m/50 g) in
  - Crème (Fb 130), 15 g
  - Schwarz (Fb 110), 10 g
  - Altrosa (FB 408), ein Rest
- Filetgarn in Schwarz und Weiß
- 2 Sicherheitsaugen ⌀ 7 mm
- Füllwatte
- Häkelnadel 2,5 mm
- Stopfnadel zum Vernähen
- Maschenmarkierer
- Stecknadeln
- Schere

Hinweis: Die Anleitung ist geeignet für einen USB-Stick mit einer Länge von 5 cm.

AUGENPATCHES (in Schwarz)

Häkle in Spiral-Rd. Schlage 5 Lm an, stich in die 2. Lm von der Nd aus ein und häkle wie folgt um die Lm-Kette herum:

1. Rd: 3 fM, 3 fM in 1 M, weiter auf der anderen Seite der Lm-Kette, 2 fM, 1 M zun. [10]

2. Rd: 1 M zun, 8 fM, 1 M zun. [12]

Den Faden lang abschneiden und ein zweites Augenpatch häkeln. Die Sicherheitsaugen mittig darin feststecken, aber noch nicht verschließen.

KOPF (in Crème)

Häkle in Spiral-Rd.

1. Rd: 7 fM in einen Fadenring häkeln. [7]

2. Rd: 7 x 1 M zun. [14]

3. Rd: *1 fM, 1 M zun*, von * bis * noch 6 x wdh. [21]

4. Rd: *2 fM, 1 M zun*, von * bis * noch 6 x wdh. [28]

5. Rd: *3 fM, 1 M zun*, von * bis * noch 6 x wdh. [35]

6.–13. Rd: 35 fM häkeln.

14. Rd: *3 fM, 1 M abn*, von * bis * noch 6 x wdh. [28]

15. Rd: *2 fM, 1 M abn*, von * bis * noch 6 x wdh. [21]

Die Augen zwischen Rd 10 und 11 mit 2 fM Abstand zwischen den Augenpatches befestigen. Die Patches liegen dabei leicht schräg. Nähe die Patches fest und beginne den Kopf fest auszustopfen. Nur bis zur 14 Rd ausstopfen, damit die spätere Tasche für den Stick noch gut in den Kopf gestülpt werden kann.

16. Rd: *1 fM, 1 M abn*, von * bis * noch 6 x wdh. [14]

17. Rd: *3 fM, 2 x 1 M abn*, von * bis * noch 1 x wdh. [10]

18. Rd: 10 fM ihM häkeln.

19.–21. Rd: 10 fM häkeln.

Den Faden abschneiden, durch die vorderen M-Glieder der letzten Rd fädeln, festziehen und den Faden vernähen (Bild 1). Nun die Rd 18–21 in den Kopf drücken, bis sie vollständig im Inneren verschwunden sind. (Bild 2).

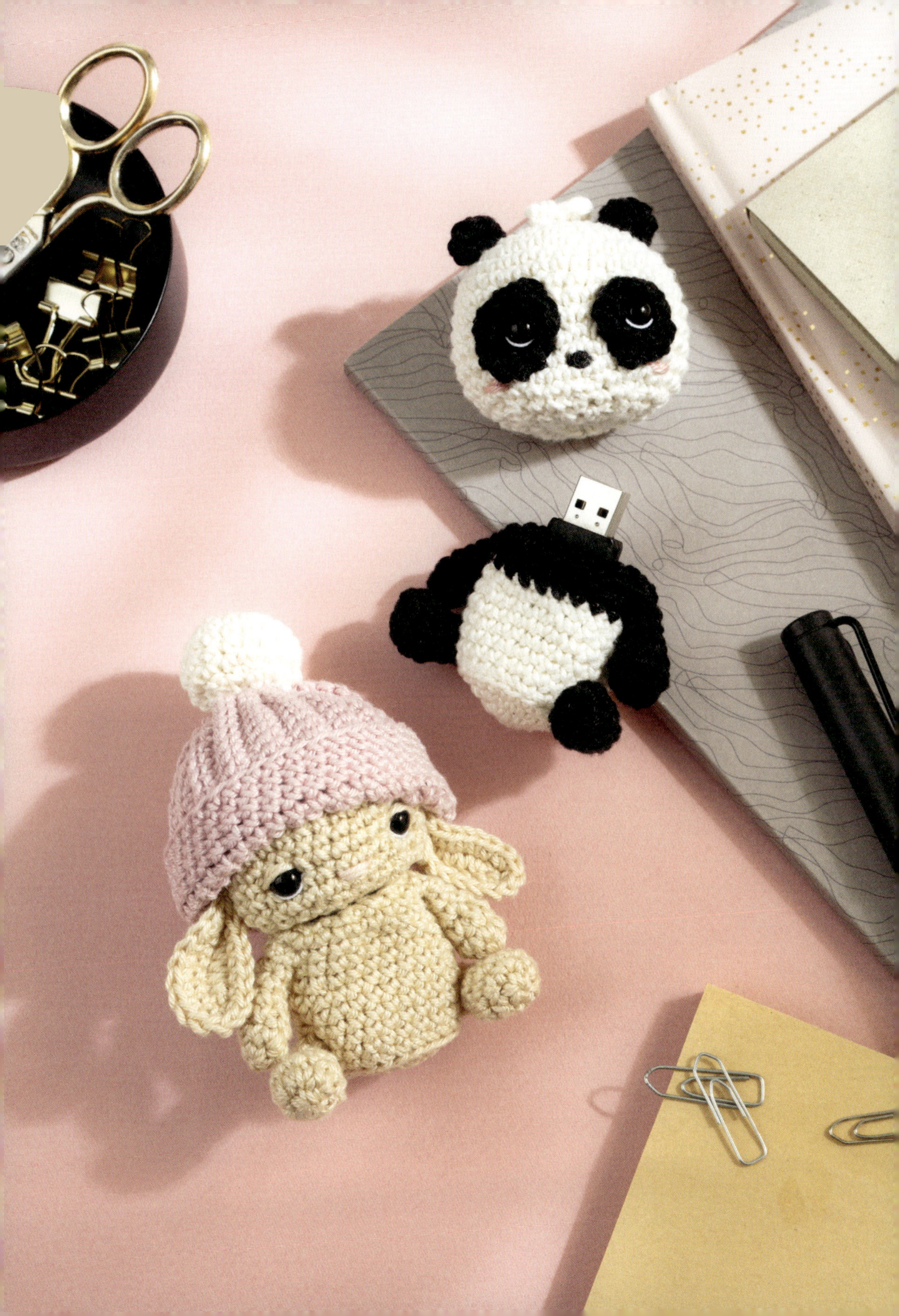

OHREN (2 x in Schwarz)

Häkle in Spiral-Rd.

1. Rd: 6 hStb in einen Fadenring häkeln. [6]

2. Rd: 6 fM häkeln.

Den Faden lang abschneiden und damit die Ohren über Rd 4–5 am Kopf festnähen.

Gesicht fertigstellen

Die Nase mit schwarzem Filetgarn über 1 fM breit zwischen Rd 12 und 13 des Kopfs aufsticken, dabei 10 x einstechen. Das Augenweiß mit weißem Filetgarn direkt unter den Augen anbringen. Die Wangen in Altrosa über 1 fM breit unter die Augenpatches sticken, dabei 2 x einstechen.

LOCKEN (in Crème)

Häkle in R. Nimm den Faden an Rd 1 des Kopfs auf und fixiere ihn mit 1 Km (Bild 3). Schlage 3 Lm an, stich in die 2. Lm von der Nd aus ein und häkle 2 fM entlang der Lm-Kette, 1 Km zurück in den Kopf. Das Ganze für die zweite Locke wdh. Den Faden abschneiden und vernähen (Bild 4).

KÖRPER (in Crème und Schwarz)

Häkle in Spiral-Rd. Den Körper nicht mit Füllwatte ausstopfen. Beginne in Crème.

1. Rd: 7 fM in einen Fadenring häkeln. [7]

2. Rd: 7 x 1 M zun. [14]

3. Rd: *1 fM, 1 M zun*, von * bis * noch 6 x wdh. [21]

4. Rd: *6 fM, 1 M zun*, von * bis * noch 2 x wdh. [24]

5. Rd: 24 fM ihM häkeln.

6.–10. Rd: 24 fM häkeln.

11. Rd: *6 fM, 1 M abn*, von * bis * noch 2 x wdh. [21]

Fb-Wechsel zu Schwarz.

12.–14. Rd: 21 fM häkeln.

15. Rd: *1 fM, 1 M abn*, von * bis * noch 6 x wdh. [14]

16.–17. Rd: 14 fM häkeln.

Schiebe das lange Ende deines Sticks nun in den Körper, um zu überprüfen, ob dieser die richtige Länge für deinen Stick hat. Oben sollte dabei nur das Ende zu sehen sein. Wenn der Körper zu lang oder zu kurz ist, füge 1 Rd hinzu oder häkele 1 Rd weniger (Bild 5). Entferne den Stick anschließend und häkle weiter wie folgt:

18. Rd: 14 fM ihM häkeln.

19.–26. Rd: 14 fM häkeln (Bild 6).

Den Faden abschneiden, durch die vorderen M-Glieder der letzten Rd fädeln, festziehen und den Faden vernähen. Nun die Rd 18–26 in den Körper drücken, bis sie vollständig im Inneren verschwunden sind.

ARME (2 x in Schwarz)

Häkle in Spiral-Rd. Nur die Faust mit Füllwatte ausstopfen.

1. Rd: 6 fM in einen Fadenring häkeln. [6]

2. Rd: *1 fM, 1 M zun*, von * bis * noch 2 x wdh. [9]

3. Rd: *1 fM, 1 M abn*, von * bis * noch 2 x wdh. [6]

4.–6. Rd: 6 fM häkeln.

Das Ende falten, durch die gegenüberliegenden M der 6. Rd stechen und diese mit 3 fM zusammenhäkeln. Den Faden lang abschneiden und damit die Arme 1 Rd unter der oberen Öffnung des Körpers festnähen.

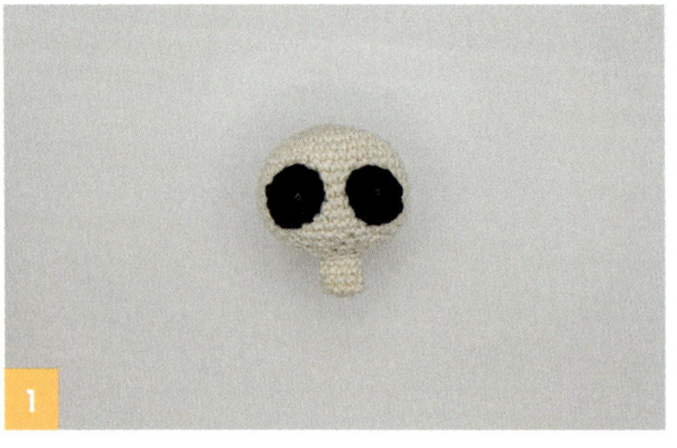

1

BEINE (2 x in Schwarz)

Häkle in Spiral-Rd. Nur die Füße mit Füllwatte ausstopfen.

1. Rd: 5 fM in einen Fadenring häkeln. [5]
2. Rd: 5 x 1 M zun. [10]
3. Rd: 10 fM häkeln.
4. Rd: *3 fM, 1 M abn*, von * bis * noch 1 x wdh. [8]
5. Rd: *2 fM, 1 M abn*, von * bis * noch 1 x wdh. [6]

6.–7. Rd: 6 fM häkeln.

Den Faden lang abschneiden, durch die vorderen M-Glieder der letzten Rd fädeln, festziehen. Die Beine am Rand von Rd 5 des Körpers festnähen.

SCHWANZ (in Crème)

Häkle in Spiral-Rd.

1. Rd: 6 hStb in einen Fadenring häkeln. [6]

Mit 1 Km in die 1. M der Rd beenden und den Faden lang abschneiden. Den Schwanz hinten mittig am Rand von Rd 5 des Körpers festnähen.

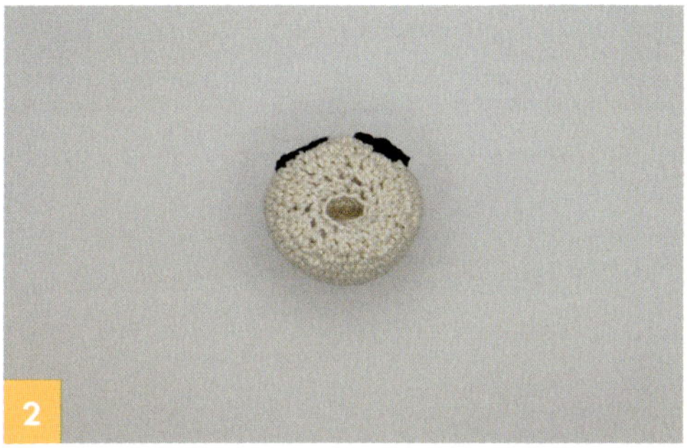

2

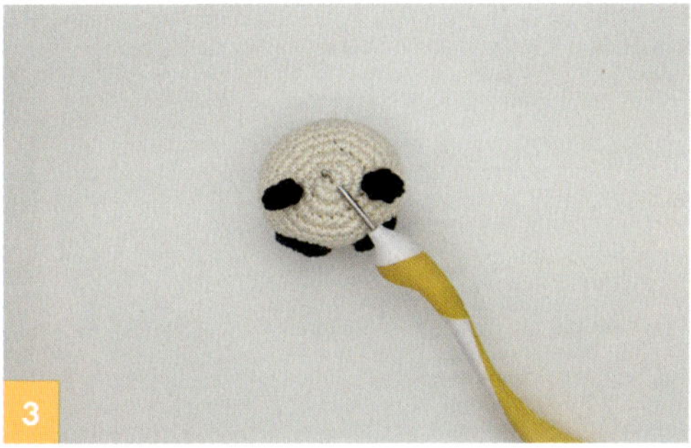

3

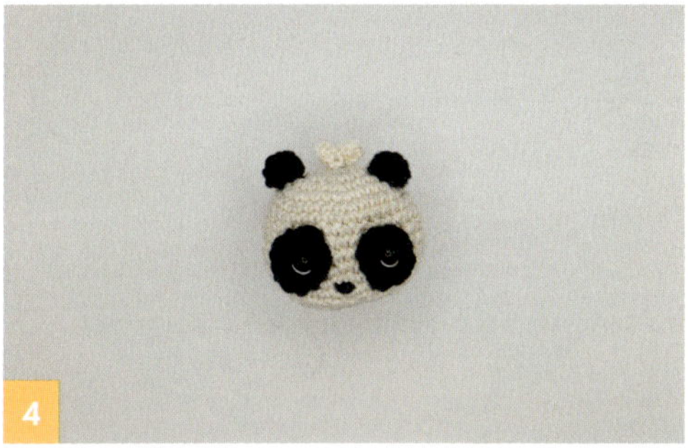

4

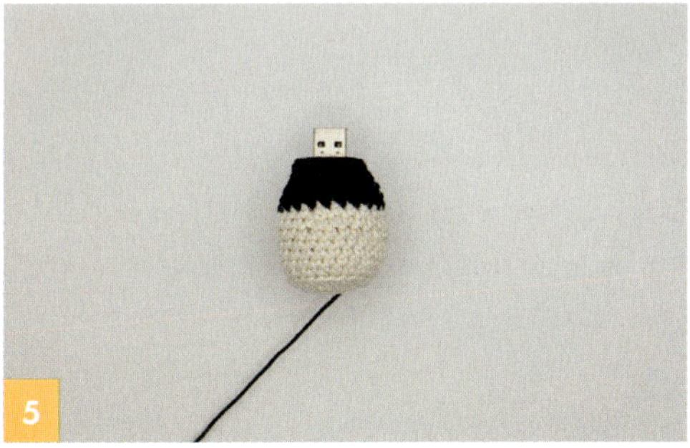

5

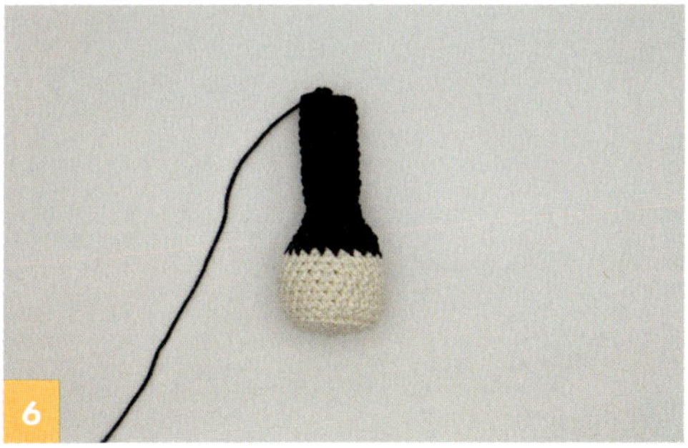

6

Hanna Hase

Schwierigkeit

Größe 10 cm

Material

- Schachenmayr Catania (100 % Baumwolle, LL 125 m/50 g) in
  - Sand (Fb 404), 15 g
  - Vintage (Fb 423), 15 g
  - Crème (Fb 130), 5 g
  - Rosé Gold (Fb 433), ein Rest
- Filetgarn in Schwarz und Weiß
- 2 Sicherheitsaugen ⌀ 7 mm
- Füllwatte
- Häkelnadel 2,5 mm
- Stopfnadel zum Vernähen
- Maschenmarkierer
- Stecknadeln
- Schere

Hinweis: Die Anleitung ist geeignet für einen USB-Stick mit einer Länge von 5 cm.

KOPF (in Sand)

Häkle in Spiral-Rd.

1. Rd: 7 fM in einen Fadenring häkeln. [7]

2. Rd: 7 x 1 M zun. [14]

3. Rd: *1 fM, 1 M zun*, von * bis * noch 6 x wdh. [21]

4. Rd: *2 fM, 1 M zun*, von * bis * noch 6 x wdh. [28]

5. Rd: *3 fM, 1 M zun*, von * bis * noch 6 x wdh. [35]

6.–13. Rd: 35 fM häkeln.

14. Rd: *3 fM, 1 M abn*, von * bis * noch 6 x wdh. [28]

15. Rd: *2 fM, 1 M abn*, von * bis * noch 6 x wdh. [21]

Die Augen zwischen Rd 11 und 12 mit 7 fM Abstand befestigen. Beginne, den Kopf mit Füllwatte auszustopfen. Nur bis zur 14 Rd ausstopfen, damit die spätere Tasche für den Stick noch gut in den Kopf gestülpt werden kann.

16. Rd: *1 fM, 1 M abn*, von * bis * noch 6 x wdh. [14]

17. Rd: *3 fM, 2 x 1 M abn*, von * bis * noch 1 x wdh. [10]

18. Rd: 10 fM ihM häkeln.

19.–21. Rd: 10 fM häkeln.

Den Faden abschneiden, durch die vorderen M-Glieder der letzten Rd fädeln, festziehen und den Faden vernähen. Nun die Rd 18–21 in den Kopf drücken, bis sie vollständig im Inneren verschwunden sind.

Hinweis: Eine bebilderte Anleitung dazu findest du in der Anleitung des USB-Stick Panda auf Seite 101.

OHREN (2 x in Sand)

Häkle in Spiral-Rd. Schlage 10 Lm an, stich in die 2. Lm von der Nd aus ein und häkle wie folgt um die Lm-Kette herum:

1. Rd: 8 fM, 3 fM in 1 M, weiter auf der anderen Seite der Lm-Kette, 7 fM, 1 M zun. [20]

2. Rd: 9 fM, 2 x 1 M zun, 9 fM. [22]

Das Ende falten und zwei der gegenüberliegenden fM mit 2 Km zusammenhäkeln. Den Faden lang abschneiden und damit die Ohren zwischen Rd 10 und 11 mit 3 fM Abstand zu den Augen festnähen.

Gesicht fertigstellen

Das Augenweiß mit weißem Filetgarn direkt unter den Augen aufsticken. Die Augenlider in Sand direkt über den Augen anbringen, dabei 2 x einstechen. Die Nase in Rosé Gold zwischen Rd 12 und 13 mit 1 fM Breite sticken, dabei 3 x einstechen.

KÖRPER (in Sand)

Häkle in Spiral-Rd. Den Körper nicht mit Füllwatte ausstopfen.

1. Rd: 7 fM in einen Fadenring häkeln. [7]
2. Rd: 7 x 1 M zun. [14]
3. Rd: *1 fM, 1 M zun*, von * bis * noch 6 x wdh. [21]
4. Rd: *6 fM, 1 M zun*, von * bis * noch 2 x wdh. [24]
5. Rd: 24 fM ihM häkeln.
6.–10. Rd: 24 fM häkeln.
11. Rd: *6 fM, 1 M abn*, von * bis * noch 2 x wdh. [21]
12.–14. Rd: 21 fM häkeln.
15. Rd: *1 fM, 1 M abn*, von * bis * noch 6 x wdh. [14]
16.–17. Rd: 14 fM häkeln.

Schiebe das lange Ende deines Sticks nun in den Körper, um zu überprüfen, ob dieser die richtige Länge für deinen Stick hat. Oben sollte dabei nur das Ende zu sehen sein. Wenn der Körper zu lang oder zu kurz ist, füge 1 Rd hinzu oder häkele 1 Rd weniger. Entferne den Stick anschließend und häkle weiter wie folgt:

18. Rd: 14 fM ihM häkeln.
19.–26. Rd: 14 fM häkeln.

Den Faden abschneiden, durch die vorderen M-Glieder der letzten Rd fädeln, festziehen und den Faden vernähen. Nun die Rd 18–26 in den Körper drücken, bis sie vollständig im Inneren verschwunden sind.

ARME (2 x in Sand)

Häkle in Spiral-Rd. Nur die Faust mit Füllwatte ausstopfen.

1. Rd: 6 fM in einen Fadenring häkeln. [6]
2. Rd: *1 fM, 1 M zun*, von * bis * noch 2 x wdh. [9]
3. Rd: *1 fM, 1 M abn*, von * bis * noch 2 x wdh. [6]
4.–6. Rd: 6 fM häkeln.

Das Ende falten, durch die gegenüberliegenden M der 6. Rd stechen und diese mit 3 fM zusammenhäkeln. Den Faden lang abschneiden und die Arme 1 Rd unter der oberen Öffnung des Körpers festnähen.

BEINE (2 x in Sand)

Häkle in Spiral-Rd. Nur die Füße mit Füllwatte ausstopfen.

1. Rd: 5 fM in einen Fadenring häkeln. [5]
2. Rd: 5 x 1 M zun. [10]
3. Rd: 10 fM häkeln.
4. Rd: *3 fM, 1 M abn*, von * bis * noch 1 x wdh. [8]
5. Rd: *2 fM, 1 M abn*, von * bis * noch 1 x wdh. [6]
6.–7. Rd: 6 fM häkeln.

Den Faden lang abschneiden, durch die vorderen M-Glieder der letzten Rd fädeln, festziehen und die Beine am Rand von Rd 5 des Körpers festnähen.

SCHWANZ (in Crème)

Häkle in Spiral-Rd. Den Schwanz nicht mit Füllwatte ausstopfen.

1. Rd: 6 fM in einen Fadenring häkeln. [6]
2. Rd: 6 fM häkeln.

Den Faden lang abschneiden und damit den Schwanz mittig am Rand von Rd 5 des Körpers festnähen (Bild 1).

MÜTZE (in Vintage)

Häkle in R. 14 Lm anschlagen, in die 2. Lm von der Nd aus einstechen und wie folgt häkeln:

1. R: 13 fM, 1 Lm und wenden. [13]

2.–36. R: 13 fM ihM häkeln, 1 Lm und wenden. [13]

Nun das Häkelstück mittig falten und die kurzen Enden mit 13 Km zusammenhäkeln. Dazu in das hintere M-Glied der letzten R und in die Lm-Kette des Anfangs einstechen, um sie miteinander zu verbinden. (Bild 2–4). Den Faden lang abschneiden und anschließend durch die äußeren M-Glieder einer der Öffnungen fädeln. An dem Faden ziehen, um die Öffnung zu schließen. Sollte am Ende noch ein kleines Loch übrig bleiben, dieses mit ein paar Stichen zunähen (Bild 5–7). Den Faden abschneiden und vernähen.

MÜTZENRAND (in Vintage)

Häkle in Spiral-Rd. Den Faden am Rand der Mütze aufnehmen und wie folgt weiterhäkeln (Bild 8):

1.–6. Rd: 36 fM häkeln.

Den Faden abschneiden und vernähen. Den Mützenrand umschlagen.

BOMMEL (in Crème)

Häkle in Spiral-Rd. Den Bommel fortlaufend mit Füllwatte ausstopfen.

1. Rd: 6 fM in einen Fadenring häkeln. [6]

2. Rd: 6 x 1 M zun. [12]

3. Rd: *1 fM, 1 M zun*, von * bis * noch 5 x wdh. [18]

4.–6. Rd: 18 fM häkeln.

7. Rd: *1 fM, 1 M abn*, von * bis * noch 5 x wdh. [12]

8. Rd: 6 x 1 M abn [6]

Den Faden lang abschneiden, durch alle vorderen M-Glieder fädeln, festziehen und den Bommel auf der Mütze festnähen. Die Mütze auf den Kopf des Hasen ziehen. Den USB-Stick mit dem langen Ende nach unten in den Körper stecken.

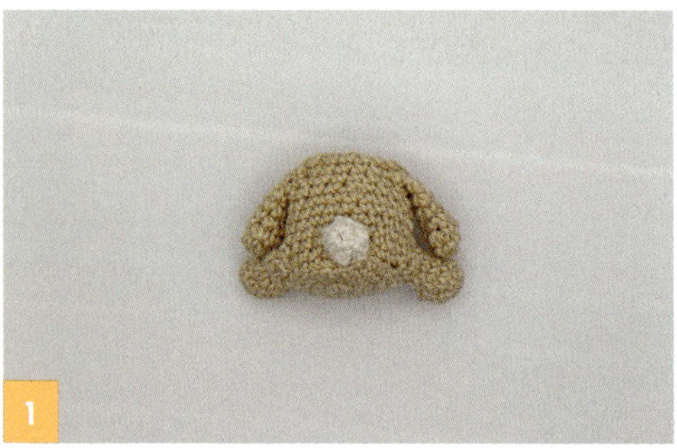

1

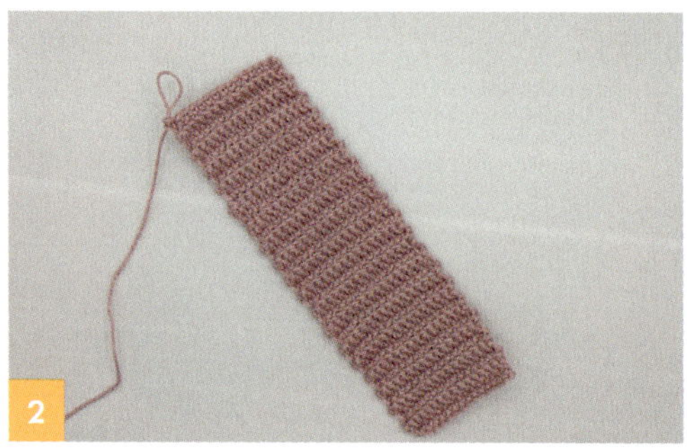

2

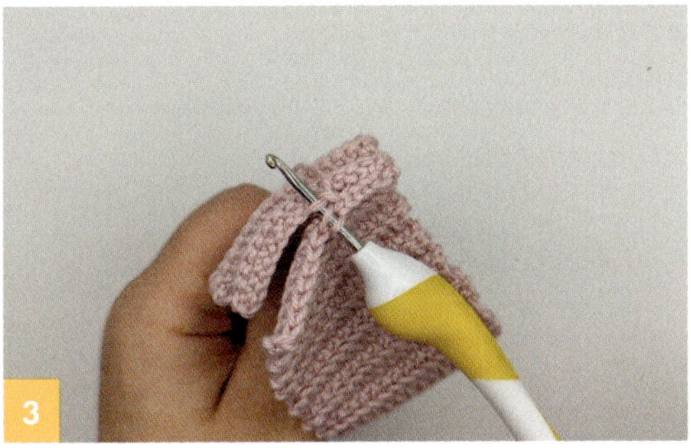
3

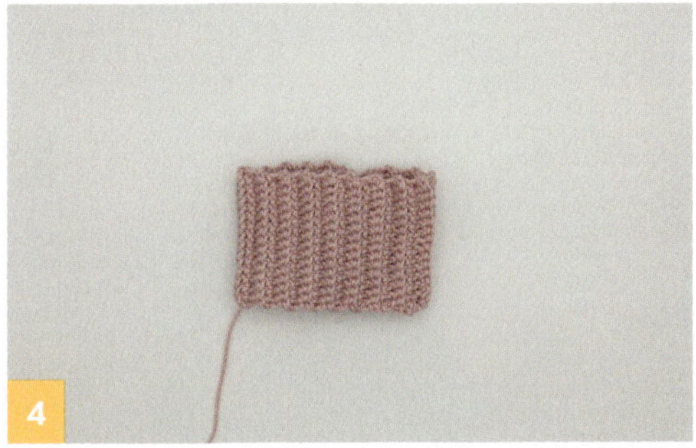
4

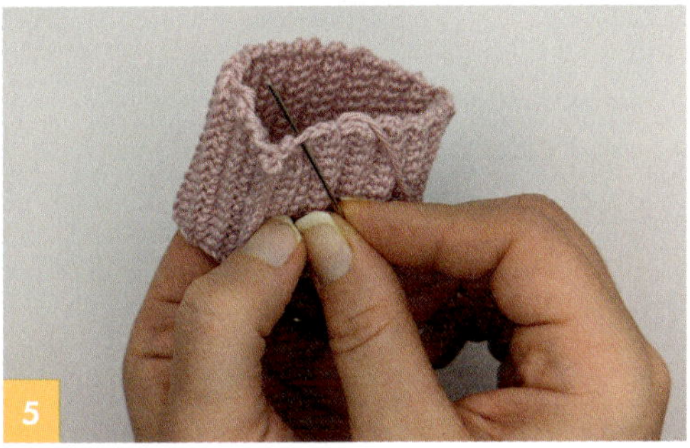
5

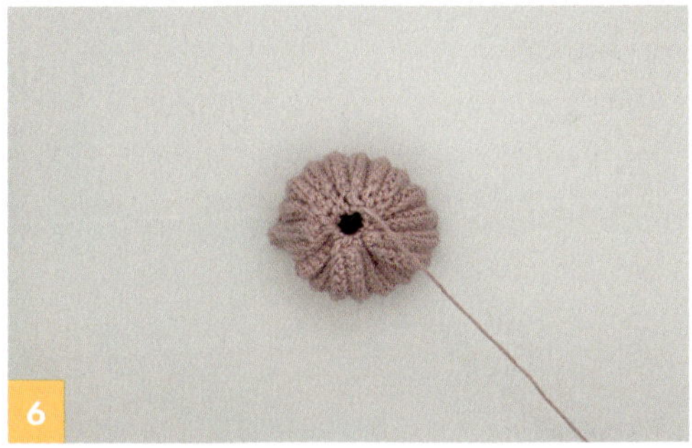
6

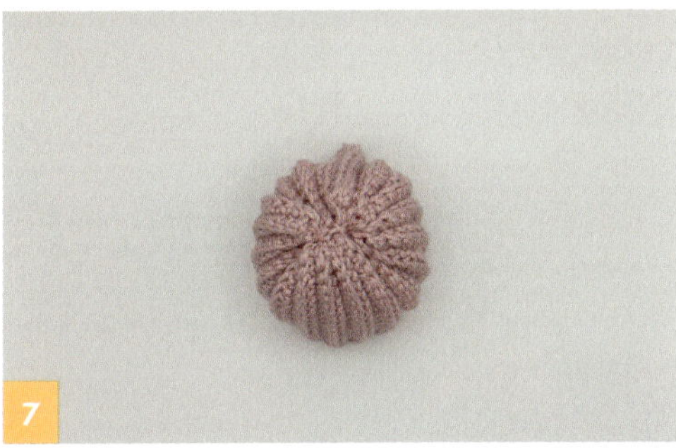
7

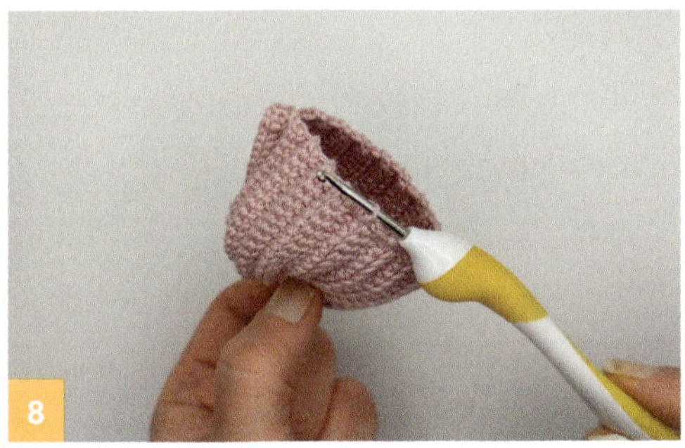
8

Frühlingsbaumler

Erdbeere

Schwierigkeit ◎◎◎

Größe 14 cm

Material

- Schachenmayr Catania (100 % Baumwolle, LL 125 m/50 g) in
  - Terracotta (Fb 388), 15 g
  - Khaki (Fb 212), 15 g
  - Vanille (Fb 403), 5 g
  - Crème (Fb 130), 5 g
- Filetgarn in Weiß
- Füllwatte
- Häkelnadel 2,5 mm
- Stopfnadel zum Vernähen
- Maschenmarkierer
- Schere

ERDBEEREN (3 x in Khaki und Terracotta)

Häkle in Spiral-Rd. Die Erdbeeren fortlaufend mit Füllwatte ausstopfen. Beginne in Khaki.

1. Rd: 6 fM in einen Fadenring häkeln. [6]

2. Rd: 6 x 1 M zun. [12]

3. Rd: *1 fM, 1 M zun*, von * bis * noch 5 x wdh. [18]

Die nächste Rd wird in die vorderen M-Glieder der Vorrunde gehäkelt. Achte darauf, dass die Blüte sowie die dahinterliegende Km in 1 M gehäkelt werden.

4. Rd: alles ivM, 1 Km, (3 Lm, 2 Stb, 1 Km in 1 M), *1 Km, (3 Stb, 1 Km in 1 M) *, von * bis * noch 7 x wdh, mit 1 Km in die 1. Lm beenden. [45]

Den Faden abschneiden und vernähen. Weiter mit der Frucht. Schlinge dazu den Faden in Terracotta im hinteren M-Glied aus Rd 4 erneut an. Stich von oben ein und häkle wie folgt weiter:

5. Rd: 18 fM ihM häkeln. [18] (Bild 1)

6.–7. Rd: 18 fM häkeln.

8. Rd: *7 fM, 1 M abn*, von * bis * noch 1 x wdh. [16]

9.–10. Rd: 16 fM häkeln.

11. Rd: *2 fM, 1 M abn*, von * bis * noch 3 x wdh. [12]

12. Rd: 12 fM häkeln.

13. Rd: 6 x 1 M abn. [6]

Den Faden abschneiden, durch die vorderen M-Glieder der letzten Rd fädeln, festziehen und den Faden vernähen. Die Blätter mit ein paar Stichen flach an der Erdbeere festnähen. Die Kerne mit weißem Filetgarn über je 1 fM auf der Erdbeere verteilt aufsticken. Zwei weitere Beeren auf dieselbe Weise häkeln.

RANKEN (in Khaki)

Häkle in R. Schlinge den Faden in Rd 1 einer Erdbeere an. Schlage 60 Lm an. Achte darauf, dass die Lm-Kette sich nicht verdreht. Stich anschließend in Rd 1 der nächsten Erdbeere ein und fixiere das Ende der Lm-Kette mit 1 Km (Bild 2). Verbinde so die ersten beiden Erdbeeren. Stich in die letzte Lm der Lm-Kette ein und häkle wie folgt weiter:

1. R: 10 Km entlang der Lm-Kette, ohne abzuketten, direkt weiter mit dem ersten Blatt, 5 Lm, in die 2. Lm von der Nd aus einstechen und 1 Km, 1 hStb zun, 1 hStb, 1 fM entlang der

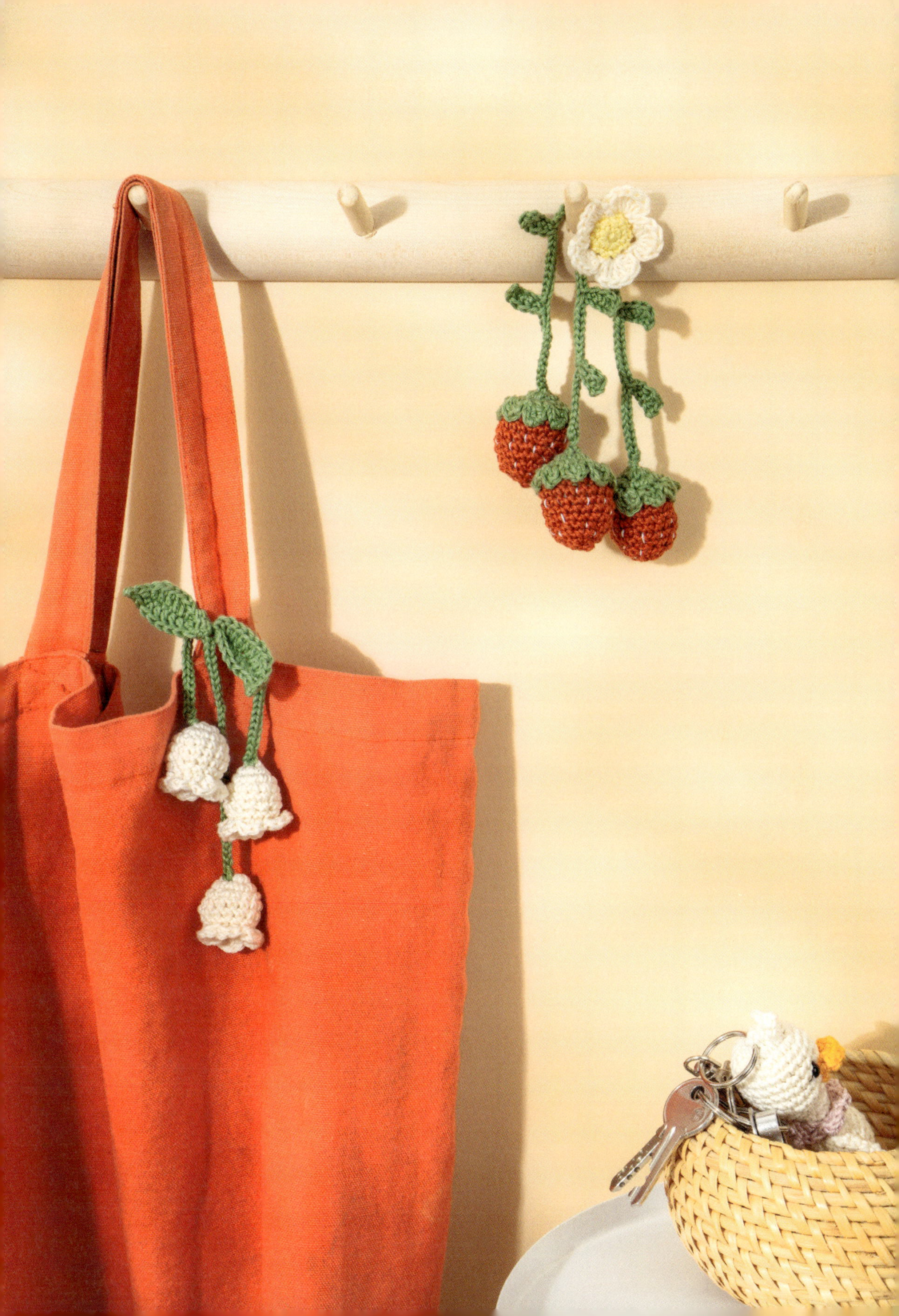

Lm-Kette häkeln, 10 Km entlang der Lm-Kette häkeln, das erste Blatt noch 1 x wdh, 10 Km entlang der Lm-Kette häkeln. [40]

Es folgt nun der mittlere Teil der Ranke für die dritte Beere. Schlage dazu, ohne abzuketten, 30 Lm an und fixiere die Lm-Kette mit 1 Km an Rd 1 der dritten Erdbeere. Häkle wie folgt weiter:

2. R: *10 Km entlang der Lm-Kette häkeln, Blatt 1 noch 1 x wdh*, von * bis * noch 1 x wdh, weitere 10 Km entlang der Lm-Kette häkeln. [40]

Weiter entlang der übrig gebliebenen Lm-Kette zurück zur ersten Beere häkeln.

3. R: *10 Km entlang der Lm-Kette, Blatt 1 noch 1 x wdh*, von * bis * noch 1 x wdh, 10 Km entlang der Lm-Kette häkeln, mit 1 Km in die erste Erdbeere beenden. [41]

Den Faden abschneiden und vernähen.

BLÜTE (in Vanille und Crème)

BLÜTENSTEMPEL (in Vanille)

Häkle in Rd. Den Blütenstempel nicht mit Füllwatte ausstopfen.

1. Rd: 5 fM in einen Fadenring häkeln. [5]

2. Rd: 5 x 1 M zun. [10]

3. Rd: 10 fM häkeln.

4. Rd: 10 fM ihM häkeln.

5. Rd: 5 x 1 M abn. [5]

Den Faden abschneiden, durch die vorderen M-Glieder der letzten Rd fädeln, festziehen und den Faden lang abschneiden.

BLÜTEN (in Crème)

Häkle in Rd. Schlinge den Faden im vorderen M-Glied aus Rd 4 des Blütenstempels erneut an, stich von oben ein und häkle wie folgt weiter:

1. Rd: 1 Km, (1 Km, 3 Lm und 5 Stb) in 1 M, *1 Km, (1 Km und 6 Stb) in 1 M*, von * bis * noch 3 x wdh. [40]

Mit 1 Km beenden. Den Faden abschneiden und vernähen. Anschließend die Blüte mit dem Endfaden des Blütenstempels mittig auf der Ranke festnähen.

TASCHENBAUMLER BEFESTIGEN

Lege die beiden äußeren Ranken von vorne nach hinten um deinen Taschenhenkel und fixiere sie anschließend auf der Rückseite des Henkels mit einem einfachen Knoten.

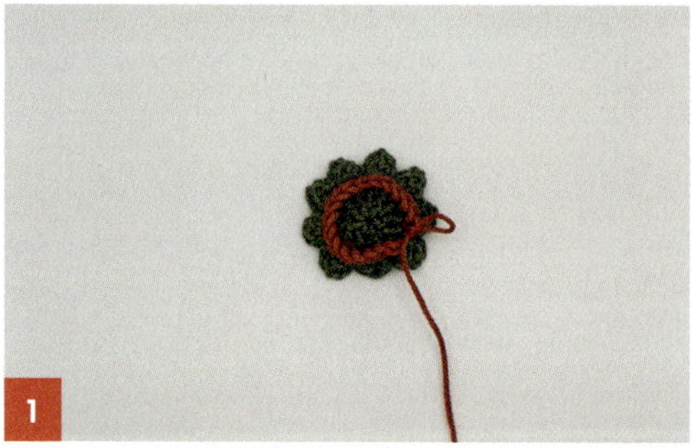

1

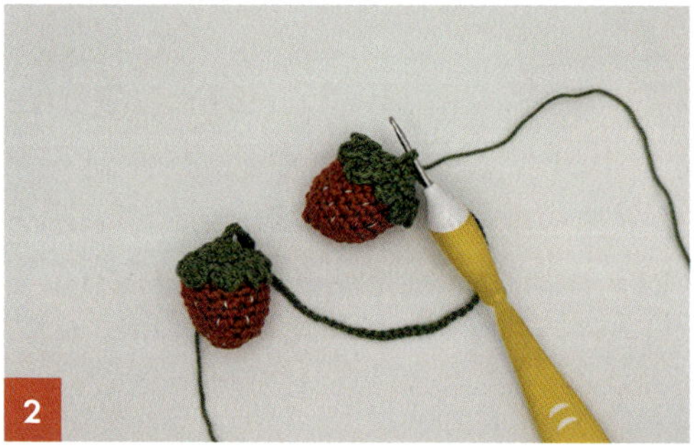

2

Über die Autorin

Linda Urbanneck stammt aus einer Familie voller Kreativität, doch den Hang zur Häkelnadel entdeckte sie erst 2019, als sie zum ersten Mal ein Video zu einem Amigurumi sah. Nach und nach brachte sie sich das Häkeln selbst bei. Zunächst als Hobby, später sollte sich diese Leidenschaft mehr und mehr in die berufliche Richtung entwickeln. Im Jahr 2020 folgte die erste eigene Anleitung, kurze Zeit später noch einige mehr. Linda gründete ihr erstes eigenes Label unter dem Namen Haekellobby. Das Leben jenseits der Häkelnadel verbringt Linda im Saarland. Dort lebt sie gemeinsam mit ihrem Mann und ihren drei Söhnen. Einblicke in ihr Leben gibt Linda täglich in ihrem Instagram-Account @haekellobby, wo sie kreativen Menschen einen Blick in ihr Leben als Designerin und Autorin erlaubt.

Danksagung

Zuerst möchte ich euch allen für eure Treue danken! Danke, dass ihr euch für dieses Buch entschieden habt und in die Welt der Amigurumi eingetaucht seid. Ich hoffe, ihr hattet viel Spaß beim Häkeln und konntet euren Schreibtisch in neuem Glanz erstrahlen lassen. Vielen Dank!
Ein besonderes Dankeschön geht auch an mein unermüdliches Testerinnen-Team, das neben diesem Projekt auch noch andere mit viel Elan unterstützt und mir immer wieder mit guten Ratschlägen zur Seite steht. Vielen Dank an Nele, Julia, Alexandra und Damaris! Ihr seid ein unglaublich harmonisches Team, das gegenseitige Unterstützung in vollen Zügen lebt! Danke, dass ihr mich begleitet und die Buchprojekte mit so viel Freude unterstützt.

Zu guter Letzt natürlich ein ganz besonderes Dankeschön an die Sponsoren dieses Buches, ohne die das Projekt nicht möglich gewesen wäre. Danke an Schachenmayr und Rayher für die stete Unterstützung und die besten Materialien für ein tolles Projektergebnis!

Bibliografische Information der Deutschen Nationalbibliothek
Die Deutsche Nationalbibliothek verzeichnet diese Publikation in der Deutschen Nationalbibliografie. Detaillierte bibliografische Daten sind im Internet über https://dnb.de abrufbar.

Für Fragen und Anregungen
info@m-vg.de

Originalausgabe
1. Auflage 2024

Türkenstraße 89
80799 München
Tel.: 089 651285-0

Redaktion: Inga Borges, Münster
Umschlaggestaltung und Layout: Maria Verdorfer
Umschlagabbildung und Fotos: SHOT Stills – Katja Schubert, München
Satz: Lara Nelles (schere.style.papier), München
Druck: Florjancic Tisk d.o.o., Slowenien
Printed in the EU

ISBN Print 978-3-7474-0578-9
ISBN E-Book (PDF)978-3-96121-663-5
ISBN E-Book (EPUB, Mobi) 978-3-96121-664-2

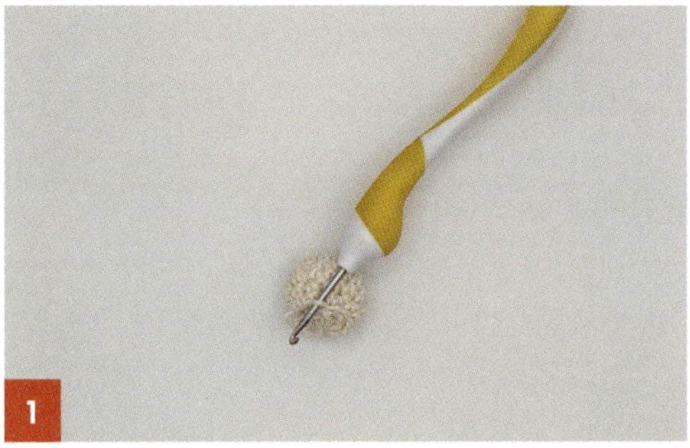
1

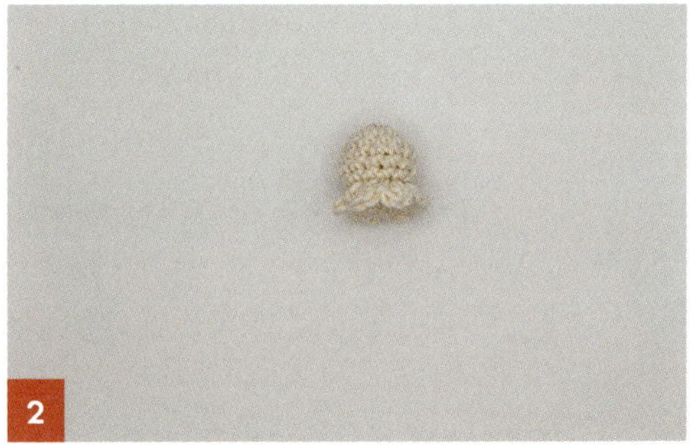
2

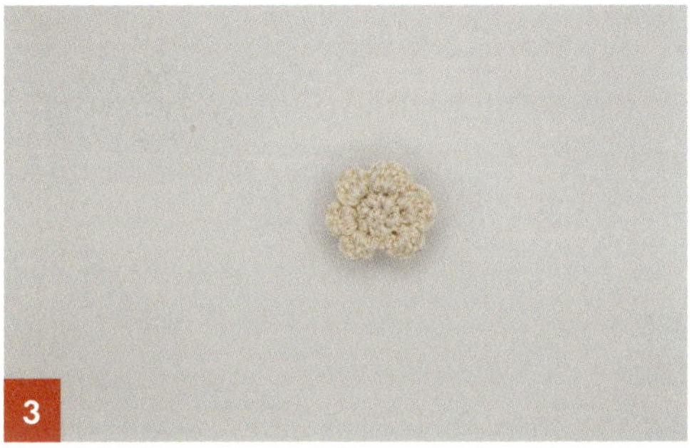
3

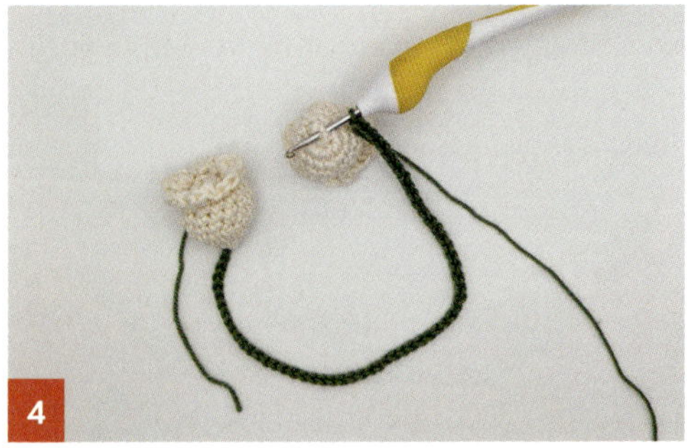
4

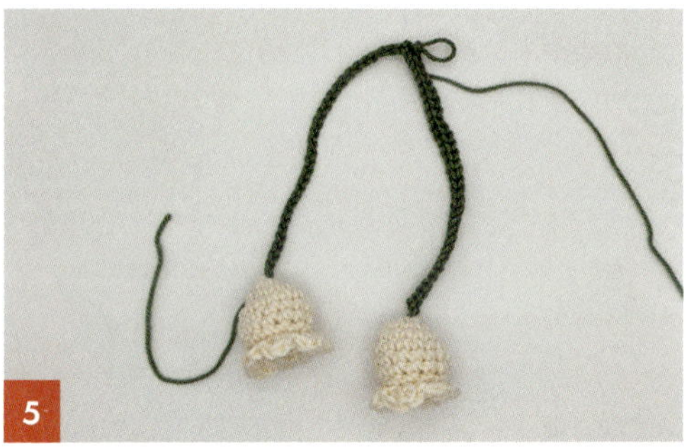
5

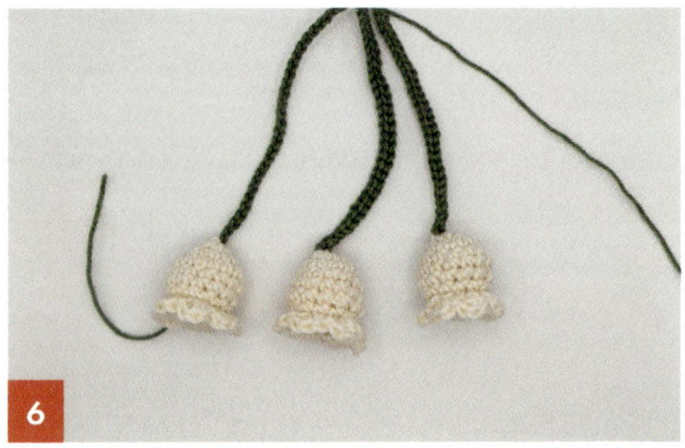
6

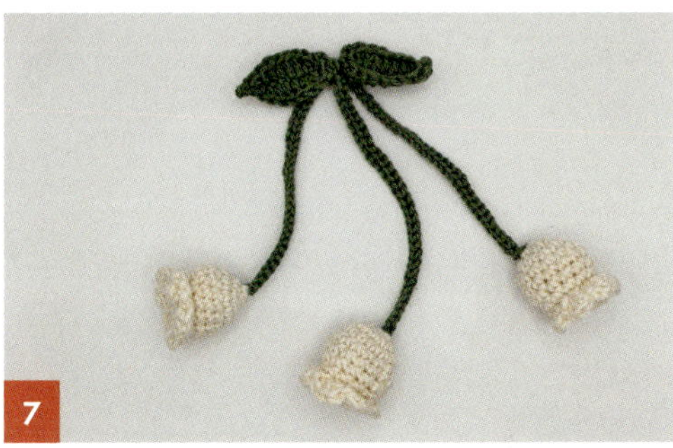
7

Maiglöckchen

Schwierigkeit

Größe 14 cm

Material

- Schachenmayr Catania (100 % Baumwolle, LL 125 m/50 g) in
  - Crème (Fb 130), 10 g
  - Khaki (Fb 212), 5 g
- Füllwatte
- Häkelnadel 2,5 mm
- Stopfnadel zum Vernähen
- Maschenmarkierer
- Schere

BLÜTENKÖPFE (3 x in Crème)

Häkle in Spiral-Rd. Die Blütenköpfe fortlaufend mit Füllwatte ausstopfen.

1. Rd: 7 fM in einen Fadenring häkeln. [7]

2. Rd: 7 x 1 M zun. [14]

3.–5. Rd: 14 fM häkeln.

6. Rd: *5 fM, 1 M abn*, von * bis * noch 1 x wdh. [12]

7. Rd: 12 fM häkeln.

8. Rd: alles ihM, 6 x 1 M abn. [6]

Den Faden abschneiden, durch die vorderen M-Glieder der letzten Rd fädeln, festziehen und den Faden vernähen. Nimm den Faden anschließend erneut im vorderen M-Glied aus Rd 8 des Blütenkopfs in Crème auf, stich von oben ein und häkle wie folgt weiter (Bild 1):

9. Rd: *1 Km, 3 Stb in 1 M*, von * bis * noch 5 x wdh. [24]

Mit 1 Km beenden. Den Faden abschneiden und vernähen (Bild 2–3).

Ranken (in Khaki)

Häkle in R. Schlinge den Faden in Rd 1 in einem der Blütenköpfe an. Schlage 60 Lm an, stich in Rd 1 des nächsten Blütenkopfs ein und fixiere dort die Lm-Kette mit 1 Km (Bild 4). Häkle anschließend 30 Km entlang der Lm-Kette (Bild 5). Schlage, ohne abzuketten, weitere 30 Lm an, stich in Rd 1 des dritten Blütenkopfs ein und fixiere dort die Lm-Kette mit 1 Km. Häkle weitere 30 Km entlang der neuen Lm-Kette (Bild 6). Danach 30 Km entlang der übrig gebliebenen Lm-Kette zurück zum ersten Blütenkopf häkeln. Den Faden abschneiden und in der Blüte vernähen.

BLÄTTER (2 x in Khaki)

Häkle in Rd. Lasse einen langen Anfangsfaden hängen. Dieser wird später zum Festnähen der Blätter genutzt. Schlage 11 Lm an, stich in die 2. Lm von der Nd aus ein und häkle wie folgt um die Lm-Kette herum:

1. Rd: 2 Km, 2 fM, 5 Stb, 3 Stb in 1 M, weiter auf der anderen Seite der Lm-Kette, 5 Stb, 2 fM, 2 Km. [21]

Den Faden abschneiden und vernähen. Ein zweites Blatt häkeln. Anschließend beide Blätter mittig auf den Ranken mithilfe des Anfangsfadens festnähen (Bild 7).

TASCHENBAUMLER BEFESTIGEN

Lege die beiden äußeren Ranken von vorne nach hinten um deinen Taschenhenkel und fixiere sie anschließend auf der Rückseite des Henkels mit einem einfachen Knoten.